Michaela Wittinger

Christentum, Islam, Recht und Menschenrechte

Otto-von-Freising-Vorlesungen
der Katholischen Universität Eichstätt-Ingolstadt

Herausgegeben von der
Katholischen Universität Eichstätt-Ingolstadt

Michaela Wittinger

# Christentum, Islam, Recht und Menschenrechte

## Spannungsfelder und Lösungen

VS VERLAG FÜR SOZIALWISSENSCHAFTEN

Bibliografische Information der Deutschen Nationalbibliothek
Die Deutsche Nationalbibliothek verzeichnet diese Publikation in der
Deutschen Nationalbibliografie; detaillierte bibliografische Daten sind im Internet über
<http://dnb.d-nb.de> abrufbar.

1. Auflage 2008

Alle Rechte vorbehalten
© VS Verlag für Sozialwissenschaften | GWV Fachverlage GmbH, Wiesbaden 2008

Lektorat: Katrin Emmerich

VS Verlag für Sozialwissenschaften ist Teil der Fachverlagsgruppe
Springer Science+Business Media.
www.vs-verlag.de

Umschlaggestaltung: KünkelLopka Medienentwicklung, Heidelberg
Satz: Frank Böhm, Siegen

Gedruckt auf säurefreiem und chlorfrei gebleichtem Papier

ISBN 978-3-531-16140-2

# Inhaltsverzeichnis

        zumindest eine Brücke zwischen den Kulturen und den Religionen........    41

**Menschenrechte und Islam – ein innerer Widerspruch?:
die Antworten der Arabischen Charta der Menschenrechte**

A.      Einleitung........................................................................................    45

B.      Islam und Menschenrechte: Unvereinbarkeit?..............................    47
1.      Menschenrechte im Islam................................................................    47
2.      Islam und islamisches Recht: die Scharia.......................................    51
2.1     Die Auslegung des Korans durch die Scharia: der Islam als
        allumfassende Lebensordnung.......................................................    51
2.2     Menschenrechte und Scharia: rechtliche Ungleichheit zwischen den
        Geschlechtern und zwischen  Muslimen und Nichtmuslimen.............    52

C.      Mitgliedschaft islamische Staaten in internationalen
        Menschenrechtsdokumenten und bisherige islamische
        Menschenrechtsdokumente............................................................    55
1.      Die Mitgliedschaft islamischer Staaten in internationalen
        Menschenrechtsdokumenten: der „eigene" Weg..............................    55
2.      Die „Allgemeine Erklärung der Menschenrechte im Islam" von 1981....    57
3.      „Kairoer Erklärung der Menschenrechte im Islam" von 1990...............    60
4.      Die Arabische Menschenrechtscharta: die Fassung von 1994 und die
        revidierte Fassung von 2004..........................................................    63
4.1     Die Arabische Charta der Menschenrechte von 1994........................    64
4.2     Die Arabische Charta der Menschenrechte von 2004........................    65
4.2.1   Fortschritte....................................................................................    67
4.2.2   Defizite und Schwächen.................................................................    69

D.      Schlussbemerkung..........................................................................    71

        Bibliographie..................................................................................    73

        Angaben zur Person........................................................................    79

        Ausgewählte Veröffentlichungen der Autorin..................................    81

# Vorwort

Dieser Band umfasst zwei Vorträge, die ich im Rahmen der mir im Wintersemester 2007/2008 übertragenen Otto von Freising-Gastprofessur an der Katholischen Universität Eichstätt halten durfte.

Ich danke allen, die hieran und an den Diskussionen teilgenommen und mir wertvolle Anstöße und Anregungen gegeben haben. Neben den Kollegen und Kolleginnen – und hier insbesondere Herrn Professor Dr. Joachim Detjen – gilt mein besonderer Dank vor allem den so überaus engagierten und motivierten Teilnehmern und Teilnehmerinnen an den von mir im Wintersemester 2007/2008 abgehaltenen Veranstaltungen; insbesondere in dem von mir angebotenen Menschenrechtsseminar, aber auch in der Völkerrechtsvorlesung, fand ein reger Austausch sowie eine spannende Vor- und Nachbereitung zu den Vortragsdiskussionen statt, für die ich sehr dankbar bin. Frau Gertraud Reinwald und Frau Angelika Schreiner danke ich für ihre Unterstützung bei allen organisatorischen Fragen, die mit der Gastprofessur verbunden waren, sowie für ihre Hilfe bei der Drucklegung der vorliegenden Schrift.

Zu dem speziellen Themenschwerpunkt „Religion und Menschenrechte" hat mich im übrigen – wie bereits mündlich vor dem ersten Vortrag bekannt – Eichstätt inspiriert. Als ich Eichstätt Mitte Oktober 2007 zum ersten Mal besuchte, war ich sehr beeindruckt von der Vielzahl der Kirchen, die sich dort, abgesehen vom Dom, befinden. Es ist ein Ort mit einer großen Anzahl religiöser Symbole und ein Ort, der zu Überlegungen zu dem Thema Religion(en) anregt.

Der Vortragsstil der – nochmals überarbeiteten und erweiterten – Texte wurde im Wesentlichen beibehalten.


Karlsruhe, im Februar 2008

Michaela Wittinger

# Menschenrechte und Religion(en) –
# ein Spannungsfeld?

Der vorliegende Beitrag stellt die Frage nach dem Verhältnis des völkerrechtlichen Menschenrechtsschutzes zur Religion bzw. den Religionen. Nach wenigen einleitenden Bemerkungen werden vier Fragenkreise beleuchtet: zunächst ist auf die entstehungsgeschichtliche Verbindung zwischen den Menschenrechten und dem Christentum aufmerksam zu machen, aber auch zu betonen, dass der Islam seinerseits Rechte und Würde des Menschen anerkennt. Womit sich sogleich die nächste Frage stellt, wie sich ein – wie zu zeigen sein wird – religiös begründbares Menschenrechtsverständnis zusammenfügt mit der modernen Vorstellung im Völkerrecht von den Menschenrechten als säkular und universell. Hier ist ein Spannungsfeld zu diagnostizieren und es fragt sich, wie dieses in der völkerrechtlichen Praxis gelöst werden kann: hier soll insbesondere die Chance zum Dialog zwischen den Religionen, den der internationale Menschenrechtschutz bietet, herausgearbeitet werden.

# A. Einleitung

Gerade in unseren Zeiten stellt sicht die Notwendigkeit einer Verstän-
digung der Religionen untereinander und die Frage nach der Bedeutung der Grund- und Menschenrechte in diesem Gesprächsprozess
besonders aktuell und dringend dar. Denn wir erleben eine Konfronta-
tion speziell zwischen Islam und Christentum, in der nicht zuletzt die
Verletzung bzw. der Schutz von Rechten zur Debatte steht. Dies gilt
vor allem für den religiös motivierten Terrorismus und den sog. Kampf
hiergegen; bei beiden geht es um massive Verletzungen elementarster
Rechte; im Hinblick auf den Terrorismus genügt das Stichwort „11.
September", beim „Kampf" gegen den Terrorismus ist etwa die rechtlich fragwürdige Situation der Guántanamo-Gefangenen zu nennen.
Weiter ist auch der Streit um die Mohammed-Karrikaturen in europäischen Zeitungen ein Beispiel für den „Religionen-clash", wo sich aus
europäischer Sicht Meinungs- und Pressefreiheit manifestierten, aus
islamischer Sicht hingegen religiöse Gefühle verletzt wurden. Und auch
auf innerstaatlicher Ebene geht es in den letzten Jahren in der politischen und rechtlichen Auseinandersetzung nicht selten um Fragen der
Religion, um religiöse Symbole und um das Verhältnis der Religionen
untereinander. Genannt seien der Kopftuchstreit in den Schulen[1] wie
auch der Streit ums Kruzifix[2], der ja gerade hier in Bayern seinen Aus-

---

1    Dazu aus europäischer Sicht Wittinger, VBlBW 2001, 425 ff.; zur entspre-
     chenden Situation in den Kindergärten Wittinger, VBlBW 2006, 169 ff.
2    Dazu BVerfGE 93, 1 ff.

gang nahm, oder jüngst die Diskussionen um den Moscheebau in Köln. Die Berührungspunkte zwischen den Grund- und Menschenrechten und Religion oder besser den Religionen sind also vielfältig und das Verhältnis ist, wie im Einzelnen noch zu zeigen sein wird, nicht frei von Spannungen.

Diese Eingangsfeststellung ist nicht neu und wird bestätigt durch die entstehungsgeschichtliche Verbindung, die zwischen dem Menschenrechtsschutz und der Religion bzw. der Religionsfreiheit existiert und der ich mich zunächst zuwenden will. Diese historische Verbindung zeigt sich an zwei Stellen: zum einen ist die Religionsfreiheit ein Recht, das stets in allen historisch relevanten Menschenrechtsdokumenten – bis heute – verbrieft wurde. Zum anderen sind als Fundament der Menschenrechte nicht nur geistesgeschichtlich-philosophische Wurzeln, sondern auch religiöse Wurzeln auszumachen.

# B. Menschenrechte und Religionsfreiheit: Historische und entstehungsgeschichtliche Verbundenheit

## 1. Entscheidende historische und aktuelle Menschenrechtsdokumente

Entstehungsgeschichtlich sind die Menschenrechte und ihr Schutz verknüpft mit dem Streben nach Religionsfreiheit im Staat und vom Staat. Religionsfreiheit umfasst dabei zwei Aspekte: die individuelle Freiheit des Einzelnen, aber auch das kollektive Recht der Kirchen und religiösen Gemeinschaften.[3] Und auch wenn die religiösen Freiheitskämpfe zwar historisch nicht in erster Linie an Menschenrechten ausgerichtet waren, – in der Literatur wurde einmal treffend formuliert „die Reformatoren haben sich .... jedenfalls nicht unmittelbar um die Menschenrechte bemüht, ... ; sie hatten andere Nöte und Ziele"[4] – trieben sie die Idee der Religionsfreiheit voran.[5] Die Freiheit der Religion für den Einzelnen bzw. für die Kirchen gilt heute gemeinhin als eines der ältesten Rechte, dessen Schutz sich auch in entsprechenden Dokumenten niedergeschlagen hat.[6] Zu nennen ist die Magna Charta Libertatum, der

---

3    Zum Begriff näher von Campenhausen, in: Isensee/Kirchhof (Hrsg.), Handbuch des Staatrechts, Bd. VI, Religionsfreiheit, § 136, Rnr. 1 ff.

4    Heckel, Die Menschenrechte im Spiegel der reformatorischen Theologie, S. 9.

5    Dazu Fiedler, VVDStRL 59 (2000), S. 199 ff. (201).

6    Zu zentralen, aber nicht dominierenden Stellung näher von Campenhausen, in: Isensee/Kirchhof (Hrsg.), Handbuch des Staatrechts, Bd. VI, Religionsfreiheit, § 136, Rnr. 25 mwN.

berühmte englische Freiheitsbrief von 1215, den *König Johann Ohneland*
– nicht ganz freiwillig – unterzeichnet hat.[7] Zwar ist zu unterstreichen,
dass es sich bei dieser Charta mitnichten um einen Menschenrechtskatalog handelt, wie wir in heute verstehen, nämlich als für alle Menschen
gültig, sondern es war ein Vertrag zwischen König und einer bestimmten Gruppe, dem Adel, dessen Rechte und Privilegien geschützt werden sollten. Aber dennoch gilt die Magna Charta als das früheste Dokument, in dem einzelne Rechtspositionen gewährt wurden, die noch
heute zu den elementaren Grund- und Menschenrechten zählen, wie
z.B. der Anspruch, nur aufgrund eines richterlichen Urteils in Gefäng-
nis zu kommen, den die Magna Charta jedenfalls „jedem freien Mann"
zugestand.[8] Mit Blick auf unser Thema ist hervorzuheben, dass die
Magna Charta an erster Stelle betont, dass die englische Kirche frei sein
soll und ihre Rechte und Freiheiten garantiert werden.[9]

Weitere Menschenrechtsdokumente folgten nach und in allen entscheidenden Dokumenten – etwa in der Virginia Bill of Rights von
1776[10] oder der Fran-zösischen Menschenrechtsdeklaration von 1789[11]
war stets die Religionsfreiheit geschützt und von Bedeutung – hier im
Unterschied zur Magna Charta in ihrer individualschützenden Form.
Und auch in den heutigen relevanten Dokumenten im völkerrechtlichen Menschenrechtsschutz – in der Allgemeinen Menschenrechtserklärung der Vereinten Nationen von 1948[12] oder dem Internationalen

---

7　　Text abrufbar im Internet über www.verfassungen.de.

8　　§ 46 der Magna Charta.

9　　§ 1 der Magna Charta („In the first place have granted to God, and by this our
　　　present charter confirmed for us and our heirs for ever that the English church
　　　shall be free, and shall have its rights undiminished and its liberties unim-
　　　paired;…"), zitiert nach www.verfassungen.de.

10　　Dort Art. 16.

11　　Siehe Art. 10.

12　　Art. 18; zur Allgemeinen Menschenrechtserklärung insgesamt näher: Verdross/
　　　Simma, Universelles Völkerrecht, § 1234; Buergenthal/Kiss, La protection
　　　internationale des droits de l'homme, S. 17 ff.

Pakt über bürgerliche und politische Rechte von 1966[13] – ist immer auch die Religionsfreiheit des Einzelnen verbrieft. Gleiches gilt für die regionalen Dokumente, etwa für die Europäische Menschenrechtskonvention von 1950[14] oder für das jüngste europäische Dokument, die Europäische Grundrechtecharta der Europäischen Union aus dem Jahre 2000, die jetzt endlich über den Lissabonner Vertrag, der Ende des Jahres unterzeichnet werden soll, verbindlich werden wird.[15]

Gerade im Zusammenhang mit der Grundrechtecharta der EU und der europäischen Verfassungsentwicklung hat sich im übrigen gezeigt, dass das Verhältnis der Staaten zur Religion auch in einer als vermeintlich homogen anzusehenden Staatengruppe nicht unproblematisch ist. Denn der Europäische Rat konnte sich im Verfassungsvertrag nicht auf einen Gottesbezug einigen, für den insbesondere Polen und auch der Vatikan geworben hatten[16]; Frankreich, Belgien, Schweden leisteten Widerstand, da sie das laizistische Gebot staatlicher Neutralität gesichert sehen wollten. Am Rande sei bemerkt, dass sich ein Gottesbezug wohl auch gegen einen Türkei-Beitritt gerichtet hätte. Immerhin wird in der – derzeit noch geltenden Fassung des Verfassungsvertrages – in der Präambel das gemeinsame kulturelle, religiöse und humanistische Erbe Europas unter-

---

13    Art. 18 IPbürgR; zum Pakt näher Buergenthal/Kiss, ibidem, S. 28 f.
14    Art. 9 EMRK; hierzu und zur Rechtsprechung des EGMR zur Religionsfreiheit Fiedler, VVDStRL 59 (2000), S. 207 ff.
15    Art. 10. Nach derzeitigem Stand soll die Charta nicht direkt, sondern nur über einen Verweis im sog. Vertrag von Lissabon rechtsverbindlich werden – außer für Großbritannien und Polen (Großbritannien hat keine Tradition eines geschriebenen Grundrechtskatalogs und eine aus kontinentaleuropäischer Sicht nicht nachvollziehbare Aversion hiergegen und Polen befürchtet, rechtlich auch kaum nachvollziehbar, dass deutsche Wiedergutmachungsansprüche auf die Charta gestützt werden könnten); zur Einigung der Staats- und Regierungschefs beim EU-Gipfel in Lissabon NJW 2007, VI; zu den vorausgegangenen Beschlüssen von Brüssel FAZ v. 25.6.2007, Nr. 144, S. 6.
16    Dazu Bergmann, VBlBW 2005, 121.

strichen.[17] Es wird aber nicht näher als „christliches Erbe" präzisiert, auch wenn die gemeinsamen christlich-jüdischen Wurzeln gemeint sind.

Bis heute also ist die Religionsfreiheit fester Bestandteil internationaler Menschenrechtsdokumente und steht am Beginn der Menschenrechtsgeschichte.

## 2. Ideengeschichtlichen Grundlagen und religiöse Wurzeln der Menschenrechte

Die Verankerung der Menschenrechte in den genannten, historisch bedeutsamen und aktuellen Rechtsdokumenten ist nicht losgelöst von ideengeschichtlichen Grundlagen und auch religiösen Wurzeln: anders gesagt: es fand die Verrechtli-chung der Menschenrechtsidee statt, die philosophisch-kulturell, ethisch-moralisch und auch religiös motiviert war. Denn die Menschenrechtsidee, historisch ein Kind der Aufklärung, wurde keineswegs als mit religiösen Vorstellungen unvereinbar betrachtet. Im Gegenteil. Dies zeigt sich – wie im Folgenden zu vertiefen sein wird – in der naturrechtlich-christlich inspirierten Lehre von *John Locke*, im Christentum überhaupt und auch im Islam.

### 2.1   *John Locke, Naturrecht und Christentum*

Besonders bei *John Locke*, englischer Staatsdenker und Philosoph des 17. Jahrhunderts[18], der als Vater der Menschenrechtsidee der Neuzeit und der eben aufgeführten Menschenrechtskataloge gilt, wird das christ-

---

17    Erster Absatz der Präambel. Zum Europabegriff auch Wittinger, Akademie der Wissenschaften und der Literatur/Mainz (Hrsg.), Colloquia Academica, 2007, Nr. 5, S. 3 ff.

18    Lebte von 1632-1704.

liche Fundament deutlich. Seine naturrechtliche Ideenlehre von dem Menschen, der frei ist[19] und bereits von Geburt an mit Rechten ausgestattet ist[20], die ihm also nicht erst von einer weltlichen Macht verliehen werden, stützt sich nicht nur auf die Vorbilder der Antike, sondern auch auf christliche Vorstellungen und die Bibel. Etwa wenn er in seinem Hauptwerk „Two Treatises of Government" seine Vorstellung von den höchsten Rechtsgütern Leben, Freiheit der Person, Gleichheit, Gesundheit, Besitz, damit begründet, dass der Mensch von Gott erschaffen ist: für *Locke* sind die Menschen (Zitat) „sein Eigentum, denn sie sind sein Werk, von ihm geschaffen, dass sie so lange bestehen wie es ihm gefällt ... ."[21] Ferner widerspricht *Locke* der absolutistischen Lehre, wonach nur dem König als „Nachfahre Adams" ein legitimes Eigentumsrecht zustehe, und argumentiert, dass Gott die Natur allen Menschen gemeinsam gab, weshalb auch alle ein Zugriffsrecht auf einen Teil der Natur, das zum Privateigentum wird, zustehe.[22] Als Verletzung dieser Naturrechte sieht *Locke* in seinem „Brief über Toleranz"[23] Eingriffe der Regierung in das Recht der Glaubensfreiheit des Einzelnen an, da es in Glaubensfragen auf eine innere Einkehr und Überzeugung ankomme, die nicht erzwungen werden könne.[24] Die Kirche bewertet er daher als eine freiwillige Gesellschaft von Menschen; jedem stehe Eintritt und Austritt frei.[25] Und *Locke* wendet sich ausdrücklich gegen

---

19    Vgl. Two Treatises of Government, Chap. VI. (Of Paternal Power), § 61.
20    Vgl. Two Treatises of Government, Chap. VII. (Of Political or Civil Society) § 87.
21    Vgl. Two Treatises of Government, Chap. II. (Of the State of Nature), § 6, insbesondere Zeile 13 f. („... sent into the World by his order...“); zum Naturzustand und zum natürlichen Gesetz, ibidem, Zeile 6.
22    Two Treatises of Government, Chap. II. (Of the State of Nature), §§ 25 ff.
23    Letter concerning Toleration vgl. Ein Brief über Toleranz, Englisch-Deutsch, Hamburg 1996.
24    Ein Brief über Toleranz, Englisch-Deutsch, S. 11 ff. (15).
25    Ein Brief über Toleranz, Englisch-Deutsch, ibidem.

die Verfolgung Andersgläubiger durch die eine, „wahre Kirche". Denn
so *Locke*, „dass die Kirche Christi andere ... mit Feuer und Schwert
zwingen (müsse), ihren Glauben und ihre Lehre anzunehmen, dass habe
ich bisher in keinem der Bücher des neuen Testaments finden können."[26] Sein Toleranzbegriff schloss allerdings Atheisten aus, da für
*Locke* der Glaube an Gott notwendige Voraussetzung war, damit Menschen sich an ethische Grundwerte und den Vertrag über das Gemein-
wesen halten[27]; und auch Katholiken waren bei *Locke* nicht umfasst;
diese hielt er für nicht tolerabel in einem Staat, da sie einem zweiten
Fürsten, dem Papst, gehorchten und daher das erforderliche Herrschafts-
monopol der Regierung in Frage stellten.[28] Insgesamt betrachtet stellte
sich *Locke* die Aufgabe, durch die Exegese der Bibel den Nachweis zu
führen, das Vernunft und Christentum übereinstimmten und die christliche Religion sich nur auf wenige Glaubensvorschriften gründe. In
neueren Untersuchungen über *John Locke* wird mit Blick auf seine the-
ologischen Arbeiten und Bibelexegesen die These vertreten, *Locke* sei
zumindest in seiner letzten Lebensphase sogar vorrangig an theologi-
schen Fragstellungen und nicht mehr an denen der politischen Staats-
theorie, interessiert gewesen.[29]

Rezipiert wurden *John Lockes* christlich fundierte Vorstellungen sehr
unmittelbar beispielsweise in der Amerikanischen Unabhängigkeitser-
klärung, die in ihrer Präambel formuliert, dass alle Menschen gleich
erschaffen und „von ihrem Schöpfer mit gewissen unveräußerlichen
Rechten" ausgestattet sind.[30] Gleiches gilt für die von *Madison* formu-

---

26    Ein Brief über Toleranz, Englisch-Deutsch, S. 25.

27    Ein Brief über Toleranz, Englisch-Deutsch, S. 95 f. („Gott auch nur in Ge-
      danken wegnehmen, heißt alles dieses (Versprechen, Verträge und Eide, die
      das Band er menschlichen Gesellschaft sind) auflösen").

28    Ein Brief über Toleranz, Englisch-Deutsch, S. 93.

29    Euchner, John Locke, S. 161 mwN.

30    Vgl. Zweiter Absatz der Präambel der Amerikanischen Unabhängigkeitser-
      klärung von 1776.

lierte Bill of Rights of Virginia, die betonte, „dass Religion ... allein von Vernunft und Überzeugung ...'' abhängt, „nicht aber durch Gewalt zu erzwingen'' ist.[31]

Überhaupt sind Christentum und das frühe Naturrecht[32] eng verwoben.[33] Das frühchristliche Naturrecht war beeinflusst von einer durch Gott geschaffenen Schöpfungsordnung. Die Vorstellung von der Gottebenbildlichkeit des Menschen begünstigte den Gedanken der Würde des Menschen und den der Gleichheit aller Menschen – vor Gott. Etwa *Thomas von Aquin* formulierte diese Gedanken zur Erschaffung und zum Urzustand des Menschen[34] im Kontext seiner Lehre von der Entstehung des staatlichen Gemeinwesens.[35] Und auch wenn Widersprüch-

---

31  Vgl. Art. 16 (zit. nach der englischen Originalfassung, abrufbar unter: www.verfassungen.de, dazu auch von Campenhausen, in: Isensee/Kirchhof (Hrsg.), Handbuch des Staatsrechts, Bd. VI, Religionsfreiheit, § 136, Rnr. 25 mwN.

32  Zur Bedeutung der Naturrechtslehre für die Entstehung des universellen Völkerrechts („die ganze Menschheit ist als Einheit verbunden'') näher Verdross/ Simma, Universelles Völkerrecht, Rnr. 24 ff., der darauf hinweist, dass im MA das Naturrecht als für Christen, Juden und Heiden in gleicher Weise verbindlich betrachtet wurde (Rnr. 24).

33  Dazu und zum Folgenden Stern, in: Merten/Papier (Hrsg.), Handbuch der Grundrechte, § 1, Rnr. 8 mwN.; im einzelnen ferner Schambeck, in: Merten/ Papier (Hrsg.), ibidem, § 8, Rnr. 1 ff. (Die Grundrechte in der Lehre der katholischen Kirche) und Robbers, in: Merten/Papier (Hrsg.), ibidem, § 9, Rnr. 1 ff. (Grundrechte aus Sicht des Protestantismus).

34  Summa Theologica, 7. Bd. (I 90, 102), 93. Frage. Zum Konzept der Menschenwürde in der Lehre Thomas von Aquins näher Miguel, JöR 50 (2002), 285 f.

35  Der Mensch handelt als Teil der Gottesschöpfung und bestimmt als natürlich-politisches Wesen wesentlich den Aufbau des Gemeinwesens auch zum Schutze des privaten Wohls; zu seiner Lehre von der Staatsentstehung näher Mertens, in: Fenske et al., Geschichte der politischen Ideen, S. 212 ff.; näher zur Begründung der Menschenwürde bei Thomas von Aquin auch Schambeck, in: Merten/Papier (Hrsg.), Handbuch der Grundrechte, § 8, Rnr. 14.

lichkeiten existierten, insbesondere Sklavendienste zugelassen waren,
gilt das frühchristliche Naturrecht als entscheidender Aspekt für die
Entwicklung von Menschenrechten, deren religiöser Gehalt dann in
der Neuzeit, durch Aufklärung und Vernunftdenken aufgelöst wurde.
Der Mensch als das vernunftbegabte Wesen stand fortan im Zentrum.[36]

Nur hinweisen – ohne sie zu vertiefen – kann ich auf die Frage der
Schwierigkeiten, die die katholische und protestantische Kirche mit den
individuellen Menschenrechten im säkularen Staat bis in 20. Jahrhundert hatten[37]; ein Forschungsgebiet, zu dem wissenschaftliche Untersuchungen im Hinblick auf die katholische Kirche gerade hier in Eichstätt geleistet wurden.[38]

## 2.2   Menschenrechte und Islam

Die Idee von Grundrechten und Freiheiten ist allerdings nicht nur mit
dem Christentum verbunden. Auch in anderen Religionen, namentlich
dem Islam, versucht man, Menschenrechte herauszufiltern. So betont
die „Allgemeine Erklärung der Menschenrechte im Islam" von 1981,
die auf Antrag des „Islamrates für Europa", einem Privatverein, von
einer Gruppe islamischer Rechtswissenschaftler erarbeitet wurde, in ihrer
Präambel „... ewige Rechte, ... die der Schöpfer ... festgelegt hat".[39] Die

---

36    Hierzu näher Stern, in: Merten/Papier (Hrsg.), Handbuch der Grundrechte, §
      1, Rnr. 9 ff.
37    Dazu von Campenhausen, in: Isensee/Kirchhof (Hrsg.), Handbuch des Staats-
      rechts, Bd. VI, Religionsfreiheit, § 136, Rnr. 33 mwN; Schambeck, in: Mer-
      ten/Papier (Hrsg.), Handbuch der Grundrechte, § 8, Rnr. 16 ff.; Robbers, in:
      Merten/Papier (Hrsg.), ibidem, § 9, Rnr. 27 ff.
38    Siehe die Habilitationsschrift von Uertz, Vom Gottesrecht zum Menschen-
      recht, Paderborn et al. 2005.
39    Letzter und vorletzter Absatz der Präambel (vor Ziff. 1 ff.). Siehe näher zu
      diesem Dokument meinen zweiten Vortrag, unter C, 2.

islamwissenschaftliche Literatur unterstreicht zudem, dass „Wert und Würde des Individuums auch im klassischen islamischen Denken" bekannt sind.[40] Den entscheidenden Ansatzpunkt biete der Koran, wonach „Gott die ‚Kinder Adams' geehrt und mit Würde ausgestattet ..." habe.[41] Die Menschen sind damit gleich würdig, allerdings gleichzeitig auf die Einhaltung des göttlichen Gebots verpflichtet. Diese Kopplung der Vorstellung von Menschenwürde und Menschenrecht an die Einhaltung religiöser Vorschriften im islamischen Denken bereitet im Internationalen Menschenrechtsschutz Schwierigkeiten. Ihren konkreten Ausdruck findet diese Kopplung in islamischen Menschenrechtserklärungen und -dokumenten.[42] So wird in der „Kairoer Erklärung der Menschenrechte im Islam" von 1990 proklamiert, dass „(a)lle in dieser Erklärung aufgestellten Rechte und Freiheiten der islamischen Scharia unterliegen"[43]. Also dem Regelwerk des Islam, das „den Willen Gottes ... wiederspiegelt" und auf dem Koran und den Überlieferungen des Mohammed, der Sunna, basiert.[44] Es ist damit dieses islamisch, religiös-fundierte Recht, das Inhalt und Schranken der Menschenrechte festlegt. Auf diese Problematik werde ich an späterer Stelle und insbesondere auch in meinem zweiten Vortrag über die Arabische Menschenrechtscharta zurückkommen.

Ferner ist im islamischen Recht umstritten, ob die Würde des Menschen von „Ungläubigen oder Abtrünningen" verwirkt wird. Dies wird

---

40 Hierzu und zum Folgenden Krämer, VRÜ 38 (2005), 267.

41  (Sure 17, 70), näher Krämer, ibidem.

42  Dazu auch Fischer/Diab, NJW 2007, 2973.

43  Art. 24 Kairoer Erklärung der Menschenrechte im Islam von 1990; zum Bezug auf die Scharia in der bereits genannten Allgemeinen Erklärung der Menschenrechte im Islam von 1981 siehe z.B. deren Präambel Ziff. 5., 6., 12. sowie Art. 4 a) und Art. 5 d).

44  Nagel, Das islamische Recht, S. 6. Zur Scharia näher auch Hellbing, Das völkerrechtliche Verbot der Geschlechterdiskriminierung in einem plurikulturellen Kontext, S. 6 ff. mwN.

wohl bejaht, wenn die Kairoer Erklärung eine Vorrangstellung des Islam und das Verbot statuiert, einen Muslim zu einer anderen Religion zu bekehren.[45] Offenkundig wird diese Vorstellung, wenn wie in Afghanistan einem sog. Abtrünnigen wegen „Abfalls" vom muslimischen Glauben die Todesstrafe drohte[46] – ein Fall, der zu europäischen und gerade auch deutschen Interventionen geführt hat.

Es bleibt daher als Zwischenfazit festzuhalten, dass Menschenrechte den Religionen nicht fremd sind, sondern sie vielmehr religiös verankert sind und begründet werden können. Sei es mit der Bibel oder dem Koran.

---

45    Art. 10 Kairoer Erklärung der Menschenrechte im Islam von 1990. Die Allgemeine Erklärung der Menschenrechte im Islam von 1981 betont dagegen die Pflicht zur religiösen Toleranz und das Recht auf religiöse Freiheit (Art. 12 e) und Art. 13).

46    Hierzu auch Fischer/Diab, NJW 2007, 2973.

# C. Menschenrechte als säkulares und universelles Konzept

Wie aber fügt sich dieses Resultat zusammen mit dem modernen Verständnis im Völkerrecht von den Menschenrechten als universellem und säkularem Konzept? Denn der Internationale Menschenrechtsschutz ist von beiden, miteinander zusammenhängenden Konzepten geprägt:

## 1. Menschenrechte als säkulares Konzept

Der Menschenrechtsschutz auf der Ebene der Vereinten Nationen ist ein säkularer: die Rechte des Menschen wurzeln in seiner Autonomie, in seiner Würde. Mit dieser Aussage beginnt die Allgemeine Menschenrechtserklärung von 1948[47]; Hinweise auf einen Gott oder eine Religion gibt es nicht. Und diese Aussage wird wiederholt in den beiden entscheidenden internationalen Menschenrechtspakten, dem Internationalen Pakt über bürgerliche und politische Rechte[48] und in dem Internationalen Pakt über wirtschaftliche, soziale und kulturelle Rechte[49], beide von 1966[50], die dann zehn Jahre später in Kraft traten. Beide Abkommen binden eine große Anzahl von Staaten, darunter auch etliche islamische.[51]

---

47    Abs. 1 der Präambel und Art. 1.
48    Abs. 1 und 2 der Präambel.
49    Abs. 1 und 2 der Präambel.
50    In Kraft getreten am 23.3.1976 bzw. am 3.1.1976.
51    Der Ratifikationsstand ist abrufbar unter: http://untreaty.un.org/English/
      reaty.asp.

## 2.  Menschenrechte als universelles Konzept

Und nur ein solch säkulares Verständnis ist vereinbar mit dem zweiten relevanten Menschenrechtskonzept im Völkerrecht: dem Anspruch auf Universalität der Menschenrechte, wie er im Internationalen Menschenrechtsschutz bejaht wird.[52] Nach der Lehre der Universalität der Menschenrechte genießen alle Menschen überall gleiche und unveräußerliche Menschenrechte; die Menschenrechte gelten also universell, gleichgültig, um welchen Menschen es sich handelt und irrelevant, in welcher Region und Kultur er lebt oder ob er einer und welcher Religion er angehört.[53] Der internationale Menschenrechtsstandard soll damit in aller Welt gleich sein. Dabei ist anerkannt, dass Regionen sich eigene Menschenrechtskataloge geben dürfen, denn der regionale Menschenrechtsschutz hilft, die universellen Werte zu verstärken, indem er sie zunächst in einer Region verfestigt und steht in einer Wechselbeziehung zum Internationalen Schutz, wie sich besonders in Europa, an der Europäischen Menschenrechtskonvention[54] zeigt. Gerade sie hat weitere regionale Konventionen wie die Amerikanische Menschenrechtskonvention[55] oder die Afrikanische Charta der Menschenrechte und

---

52    Dazu insgesamt Kühnhardt, Die Universalität der Menschenrechte, 2. Aufl. Bonn 1992; ferner Fastenrath, in: Dupuy/Fassbender/Shaw/Sommermann (Hrsg.), FS Tomuschat, 153 ff.; zur Debatte zwischen Universalisten und Relativisten Helbling, Das völkerrechtliche Verbot der Geschlechterdiskriminierung in einem plurikulturellen Kontext, S. 314 ff. (317 ff.).

53    Dazu z.B. Mayer, in: Peters/Wolpers (Hrsg.), Women's Rights, human rights, S. 176.

54    Ihre Entstehungsgeschichte ist eng mit dem Europarat verbunden; hierzu Grabenwarter, Europäische Menschenrechtskonvention, S. 1 f.; zum Europarat insgesamt Wittinger, Der Europarat: die Entwicklung seines rechts und der „europäischen Verfassungswerte", Baden-Baden 2005.

55    Vom 22. November 1969, in Kraft getreten am 18. Juli 1978, abgedruckt bei Buergenthal/Shelton, Protecting Human Rights in the Americas, Cases and Materials, S. 617 ff.

der Rechte der Völker[56] beeinflusst[57]; die Afrikanische Charta hat sich aber auch bewusst vom „europäischen Vorbild" abgegrenzt und hebt an mehreren Stellen die eigenen afrikanischen „Werte und Traditionen" hervor.[58]

Dem Anspruch auf Universalität gegenüber steht die Lehre von der Relativität der Menschenrechte[59]: sie besagt, dass alle moralischen Werte und auch die Menschenrechte nur für die Kultur und auch Religion gelten, in der sie entstanden sind. Dahinter steckt die Vorstellung, dass alle Kulturen und Religionen moralisch gleichwertige Quellen sind, um eigene gültige Normen aufzustellen. Vertreten wird diese Auffassung von etlichen islamischen Staaten.

Begründet wird diese Argumentation von der Relativität der Menschenrechte mit dem Einwand, dass die Menschenrechte, wie sie in internationalen Dokumenten festgelegt wurden, ein Produkt des westlich-europäischen bzw. us-amerikanischen Kulturkreises seien. Und es ist unbestreitbar – das hat der Blick auf die historische Entstehung der Menschenrechtesidee gezeigt, dass die Wurzeln in Europa und Amerika liegen und ein Resultat der europäischen Aufklärung sind. Zudem wird darauf verwiesen, dass die Zentrierung auf das Individuum und auf die Freiheitssphäre des Einzelnen – von ihrem Ursprung her haben sich die Menschenrechte ja als Abwehrrechte gegen die staatliche Macht entwickelt – eine Vorstellung sei, die in anderen Kulturen und Religionen nicht in dieser Weise bestehe: z.B. in Afrika und im Islam sei der Einzelne vielmehr Teil der Gesellschaft und dieser Gegensatz zwischen Individuum und Gesellschaft bzw. Staat und auch zu einer Reli-

---

56   Vom 26. Juni 1981, in Kraft getreten am 21. Oktober 1986, abgedruckt bei: Murray/Evans, Documents of the African Commission on Human and Peoples' Rights, S. 3 ff.

57   Dazu Wittinger, JURA 1999, 405 ff.

58   Abs. 5 der Präambel, Art. 18 Abs. 3 AfrC, Art. 29 Ziff. 7 AfrC

59   Dazu Pollis/Schwab, in: dies. (Hrsg.), Human Rights: Cultural and ideological perspectives, S. 1 und 13.

gion sei nicht vorhanden; der Einzelne sei immer integriert in eine größere kulturelle und religiöse Einheit – in die Familie, in eine Ethnie, in ein Volk.[60] In den internationalen Dokumenten und gerade in den Vereinten Nationen hätten sich aber die westlich-europäischen Staaten durchgesetzt. Vor allem zur Entstehungszeit der Vereinten Nationen seien diese machtpolitisch in der Mehrheit gewesen, z.B. als 1948 die Allgemeine Menschenrechtserklärung proklamiert wurde: jedenfalls lange Zeit, vereinzelt auch immer noch, haben daher afrikanische und islamische Staaten diese Erklärung nicht als Ausdruck ihres Menschenrechtsverständnisses und damit als universell betrachtet; auch deshalb wurde eine eigene „Allgemeine Islamische Menschenrechtserklärung"[61] erarbeitet. Die übrige Staatenwelt und die Doktrin hingegen bewertet die Allgemeine Menschenrechtserklärung von 1948 – obwohl zunächst rechtlich nur eine unverbindliche Erklärung – heute als den bindenden, fundamentalen Menschenrechtskatalog.[62]

## 3. Besiegelung des Universalitätsanspruches auf der Wiener Menschenrechtskonferenz von 1993

Diese Frage, ob die Menschenrechte universell gelten, ist von der Staatenwelt, im Rahmen der Vereinten Nationen zuletzt umfassend auf der Wiener Menschenrechtskonferenz 1993 diskutiert worden. Die Ergebnisse hat das Wiener Schlussdokument, das sog. „Handlungsprogramm" festgehalten. Und je nachdem, welcher Position ein Autor angehört, wird in der Literatur einmal vertreten, in diesem Dokument hätte die

---

60    Krit. dazu Howard, HRQ 15 (1993), 317 ff.

61    Von 1981; dazu bereits oben, unter B.2.2.

62    Zum Charakter der AllgErklMenschenR und des IPbürgR (sowie des Internationalen Paktes über wirtschaftliche, soziale und kulturelle Rechte) als der „international bill of rights" Kempen/Hillgruber, Völkerrecht, S. 308 mwN.

Lehre von der Universalität der Menschenrechte gesiegt oder hätte sich dagegen die Lehre von der Relativität der Menschenrechte durchgesetzt.[63]

Tatsache ist, dass das „Handlungsprogramm" schon zu Beginn festhält, die „universelle Natur" der Menschenrechte und Freiheiten „stehe außer Frage"[64] und ferner die Bedeutung der Verankerung des Universalitätsprinzips beteuert wird.[65] Enthalten ist allerdings auch die Formulierung, wonach die Bedeutung nationaler, regionaler und unterschiedlicher historischer, kultureller und religiöser Voraussetzungen der Menschenrechte (Zitat) „im Auge zu behalten" sei.[66] Zugleich wird aber statuiert, dass es die Pflicht der Staaten ist, ohne Rücksicht auf ihr jeweiliges politisches, wirtschaftliches und kulturelles System, alle Menschenrechte und Grundfreiheiten zu fördern und zu schützen.[67] Zu recht wird dies daher als Zementierung des Universalitätsanspruches gesehen.

## 4. Begründungen und Begründungsansätze für den Universalitätsanspruch: die Würde des Menschen

Kommen wir zurück zur Ausgangsfrage: wie sind die Religionen mit diesem Konzept des säkularen und universellen Menschenrechtsschutzes zu vereinen? Die Verbindung zeigt sich in den Begründungen oder Begründungsansätzen für die universell geltenden Menschenrechte.[68]

---

63    Zur Spaltung der Internationalen Gemeinschaft durch die Wiener Menschenrechtskonferenz: Mayer, Michigan Journal of International Law 15 (1994), 371 ff.; Pollis, HRQ 18 (1996), 331 ff.; krit. auch Helbling, Das völkerrechtliche Verbot der Geschlechterdiskriminierung in einem plurikulturellen Kontext, S. 317 f.

64    Teil I, Abs. 1 Programm of Action.

65    Abs. 32 Programm of Action.

66    Abs. 5 Programm of Action.

67    Ibidem

68    Dazu Stern, in: Merten/Papier (Hrsg.), Handbuch der Grundrechte, § 1, Rnr. 85 ff.

Eine Stütze ist der naturrechtliche und damit letztlich christlich fundierte europäisch-amerikanisch-westliche Ansatz. Da dieser als zu eng empfunden wird und er auch wie gezeigt andere Kultur- und Religionskreise zum Widerspruch veranlasst, bemüht sich die Doktrin, eine breitere Begründungsbasis zu finden: es ist die Würde des Menschen bzw. höchste Werte und Prinzipien, die als Grundlage der Menschenrechte gelten. Zum einen nehmen internationale Dokumente wie die Allgemeine Menschenrechtserklärung oder die beiden Pakte die Menschenwürde, wie schon gesagt, zum Ausgangspunkt.[69] Zum anderen existieren, wie dargelegt, in allen Kulturen und Religionen gewisse Vorstellungen von Rechten des Menschen und der Menschenwürde, auch im Islam.[70] Es wird damit ein religionsübergreifendes Substrat herausgefiltert. Auch wenn der historische Ursprung ein abendländisch-westliches Menschenbild ist, handelt es sich bei der Menschenwürde oder höchsten Werten um religions-, kultur- und gesellschaftsübergreifende Begriffe, die als „global konsensfähig" bewertet werden.[71] Wenn allen Menschen überall eine Würde zukommt, gelten damit auch die Menschenrechte, die in dieser Menschenwürde wurzeln, für alle Menschen und damit universell.

---

69    Ferner ist die EU-Grundrechtecharta (Art. 1) und im übrigen auch Art. 1 des deutschen Grundgesetzes zu nennen.

70    Die Allgemeine Erklärung der Menschenrechte im Islam von 1981 formuliert im 3. Absatz, 4. Spiegelstrich der Präambel ausdrücklich, dass der „Schöpfer" dem Menschen „... in reichem Maße Würde, Ehre und Bevorzugung vor allen anderen seiner Schöpfung zuteil werden ließ".

71    Stern, in: Merten/Papier (Hrsg.), Handbuch der Grundrechte, § 1, Rnr. 88.

# D. Spannungsfeld Religion und Menschenrechte in der Praxis: die Durchsetzung des Anspruches auf Universalität

Dennoch bleibt das Verhältnis zwischen Religion und Menschenrechten ein Spannungsfeld, wie uns der völkerrechtliche Menschenrechtsschutz in der Praxis zeigt. Denn es ist eine Sache, internationale Menschenrechtsstandards anzuerkennen und nach ihren religiösen Wurzeln – auch etwa im Islam – zu suchen. Es ist aber eine ganz andere Sache, fundamentale Rechte nur insoweit zu akzeptieren, als diese mit einer Religion oder einem religiösen Regelwerk wie der Scharia übereinstimmen. Hier liegt die konkrete Gefahr für den Menschenrechtsschutz und hier wird die Universalität der Menschenrechte und die Umsetzung des Universalitätsanspruches praktisch relevant. Wenn verlangt wird, dass jeder Staat internationale Menschenrechtsvorschriften frei auslegen und anwenden darf, unter Berücksichtigung der eigenen religiös-kulturellen Vorstellungen, dann kann es z.B. dazu kommen, dass internationale Verbote zur Diskriminierung oder im Kontext von Heirat und Ehe (Mindestheiratsalter, freie Zustimmung zur Eingehung, Verbot der Polygamie)[72] durch einen Staat in Frage gestellt werden, weil die Religion und Kultur eine rechtliche traditionelle Schlechterstellung oder Unterordnung vorsieht oder rechtfertigt.[73] Und diese trifft regelmäßig Frauen: etwa, wenn Frauen nach islamischem oder traditio-

---

72  Siehe z.B. Art. 23 Abs. 3 und 4 IPbpR.
73  Im Einzelnen hierzu Wittinger, Familien und Frauen im regionalen Menschenrechtsschutz, S. 211 ff.

nellem afrikanischen Recht rechtlich benachteiligt sind, z.b. keine Eigentumsrechte, kein oder nur ein eingeschränktes Scheidungsrecht, keine Sorgerechte für Kinder nach einer Scheidung und keine Rechte in der Ehe haben.[74]

Man muss allerdings gar nicht auf außereuropäische Staaten verweisen. Auch etwa Irland unterschrieb ein Zusatzprotokoll zur Europäischen Menschenrechtskonvention von 1985[75] nicht, da darin in einer Vorschrift zur Gleichbehandlung von Ehepartnern von der „Auflösung" der Ehe die Rede ist und befürchtet wurde, daraus könne ein Recht auf eine Scheidung abgeleitet werden, die im irischen Recht bis 1995 explizit verboten war.[76] Hier nahm man also gleich lieber ganz Abstand von der „Gefahr" einer völkerrechtlichen Verpflichtung.

Darüber hinaus ist in der Praxis die im Völkerrecht vorgesehene Möglichkeit eines Staates problematisch, einen Vorbehalt zu einzelnen Vorschriften Internationaler Abkommen zu erklären.[77] Islamische Staaten machen davon reichlich Gebrauch und stimmen dann nur unter Beachtung der Scharia, des Islam und ihrer Traditionen zu.[78] Damit erreichen sie, dass ihre innerstaatlichen Regelungen von den internationalen Vorschriften unangetastet bleiben. Die Zulassung von Vorbe-

---

74    Näher dazu Wittinger, ibidem, S. 221 ff.

75    Art. 5 7. ZP zur EMRK.

76    Näher dazu Wittinger, Familien und Frauen im regionalen Menschenrechtsschutz, S. 177 ff.; ein „Recht auf Auflösung der Ehe" hat der Europäische Gerichtshof für Menschenrechte (im Folgenden: EGMR) im übrigen verneint, vgl. Johnston et al. gegen Irland, Urt. v. 18.12.1986, Série A Nr. 112, S. 25, Ziff. 53.

77    Art. 19 c Wiener Vertragsrechtsübereinkommen (WVÜ) v. 23.05.1969, näher hierzu und zur Vorbehalts-Situation im regionalen Menschenrechtsschutz Wittinger, Familien und Frauen im regionalen Menschenrechtsschutz, S. 298 ff.

78    Näher dazu Helbling, Das völkerrechtliche Verbot der Geschlechterdiskriminierung in einem plurikulturellen Kontext, S. 18 (insbesondere dort Anm. 60).

halten ist oft der politische Preis dafür, möglichst viele Staaten, wenn auch mit diesen Einschränkungen, an ein Abkommen zu binden. Es ist ein völkerrechtlich legitimes Vorgehen, aber letztlich werden Rechte damit durch manche Staaten relativiert. Unzulässig sind Vorbehalte nur dann, wenn Sinn und Zweck des Abkommens ausgehöhlt würde.[79]

---

79    Art. 20 Abs. 1 WVÜ.

# E. Lösung des Spannungsfeldes durch das Völkerrecht? – „universeller Menschenrechtskern" oder Universalität mit „inhaltlicher Vielfalt"

## 1. Die „Kerntheorie"

Es fragt sich nun, ob und wie das Völkerrecht das konstatierte Spannungsfeld zwischen Menschenrechten und Religion lösen und den Anspruch auf Universalität durchsetzen kann. In der menschenrechtlichen Literatur werden zwei Wege vertreten:

Eine Strömung votiert dafür, die Universalität „nur" auf fundamentale Rechtsgüter zu erstrecken: auf Rechte wie Leben, Gesundheit, Würde, Freiheit, Sicherheit und auf das Diskriminierungsverbot.[80] Hinzufügen kann man das Verbot des Völkermordes, das Verbot willkürlicher Tötungen und der Sklaverei[81], u.U. auch das Folterverbot. Der Kreis wird damit auf einen Mindeststandard an Menschenrechten begrenzt. Nicht alle existierenden oder vorstellbaren Rechte sollen in den Universalitätsanspruch einbezogen werden. Durch die Begrenzung auf diese Rechte, die zwischen den Kulturen und Religionen als konsensfähig erachtet werden, soll verhindert werden, dass Rechte „kulturkreis-

---

80 So Stern, in: Merten/Papier (Hrsg.), Handbuch der Grundrechte, § 1, Rnr. 89.
81 Dazu Fastenrath, in: Dupuy/Fassbender/Shaw/Sommermann (Hrsg.), FS Tomuschat, S. 166; zu seiner Gegenposition der „Universalität mit inhaltlicher Vielfalt" noch sogleich.

bezogen relativiert"[82] werden – und hinzuzufügen ist: religionsbezogen – relativiert werden. Diese Auffassung mag man als „begrenzte Universalität" bezeichnen, die aber zugleich für einen Kern von Menschenrechten keinerlei Einschränkungen, z.B. religiöser Art, zulässt.

## 2. Universalität mit „inhaltlicher Vielfalt": Trennung zwischen Geltung und Interpretation

Demgegenüber steht die Position, die man als „universale Geltung mit inhaltlicher Vielfalt" charakterisieren kann.[83] Mit dieser Auffassung ist zu Recht darauf zu verweisen, dass aus Sicht des Völkerrechts zwischen Geltung des Rechts und der Bestimmung seines Inhalts zu trennen ist. Denn aus Sicht des Völkerrechts gilt Folgendes: ist ein Menschenrecht völkerrechtlich in einem Abkommen erst einmal verankert und ein Staat Mitglied dieses Abkommens geworden, dann gilt dieses Recht, ungeachtet der religiösen, kulturellen oder politischen Verhältnisse in einem Staat, ungeachtet des herrschenden Menschenrechtsverständnisses sowie der religiösen oder säkularen Wurzeln diese Verständnisses. Die Motivation eines Staates, einem Abkommen beizutreten, tritt zurück, ebenso wie die nationale Kultur, Tradition, Religion oder sein politisch-rechtliches Wertesystem, das eher auf den Schutz des Individuums ausgerichtet sein kann oder sich als eher gemeinschaftsorientiert versteht. Wie auch schon die bereits zitierte Wiener Menschenrechtserklärung festhält, ist der Staat völkerrechtlich gebunden, die Menschenrechte ohne Rücksicht auf sein jeweiliges politisches, wirtschaftliches und kulturelles System zu garantieren.[84] Das Recht gilt da-

---

82   Stern, in: Merten/Papier (Hrsg.), Handbuch der Grundrechte, § 1, Rnr. 90.
83   Vertreten von Fastenrath, in: Dupuy/Fassbender/Shaw/Sommermann (Hrsg.), FS Tomuschat, S. 161 ff. (163 ff.).
84   Dazu bereits oben, unter C.3.

mit universell. Gleiches gilt, wenn Menschenrechte nicht durch Verträge gesetzt, sondern sich als Gewohnheitsrecht entwickeln oder als allgemeine Rechtsgrundsätze[85] einzuordnen sind.

Auf der anderen Seite betont diese Ansicht überzeugend, dass mit der Geltung noch lange nicht Inhalt und Auslegung eines Rechts feststehen.[86] Wenn an die 192 Mitgliedstaaten der Vereinten Nationen eine Übereinkunft schließen, liegt es auf der Hand, dass der Inhalt eines Rechts nicht von vorneherein feststeht, sondern erst noch zu ermitteln ist. Denn die Staaten sind keine homogene Gruppe mit einem homogenen Verständnis von Rechten. Orientiert an einer in der Realität nicht gegebenen Einheitlichkeit des Rechtsverständnisses, lässt diese Auffassung eine unterschiedliche Interpretation vor dem Hintergrund verschiedener Kulturen und Religionen zu. Man spricht von „inhaltlicher Vielfalt". Diese Auslegung wird geleistet entweder durch den Staat und seine innerstaatlichen Organe, etwa Gerichte, die sich auf das Menschenrechtsabkommen bei der Auslegung nationaler Rechtsvorschriften beziehen. Oder – im besten Falle – interpretiert ein durch ein Abkommen installiertes, internationale Kontrollorgan die Rechte. In der Praxis handelt es sich bei diesen Gremien, sofern es überhaupt welche gibt, allerdings selten um Gerichte; selbst wenn solche existieren, bleibt zu unterstreichen, dass auch deren Urteile nicht zwingend durchsetzbar sind; das ist ein Charakteristikum des Völkerrechts.

Entscheidend für die hier zu klärende Frage ist, dass diese zweite Meinung auf den Dialog in diesen internationalen Gremien setzt; die dort herrschende Pluralität führe zu einem Diskurs und im Ergebnis über den Diskurs zu einer „welteinheitlichen Interpretation" des Menschenrechts[87], also zu einem wahrhaft universellen Recht.

---

85  Siehe zu den Völkerrechtsquellen Art. 38 Abs. 1 c) IGH-Statut.
86  Fastenrath, in: Dupuy/Fassbender/Shaw/Sommermann (Hrsg.), FS Tomuschat, S. 163 ff.
87  Fastenrath, ibidem, S. 168.

## 3. Eigene Wertung: die Chance des Dialogs – aber auch die Gefahr des „kleinsten gemeinsamen Nenners"

Diese Meinung, die sich in der jüngeren Literatur formiert[88], besticht. Sie richtet das Augenmerk nicht auf das gemeinhin als Trennende, als Spannungsfeld[89] begriffene unterschiedliche Menschenrechtsverständnis der Religionen und Kulturen, sondern betont die Chance, die im Menschenrechtsschutz liegt: dass das völkerrechtlich geschützte Menschenrecht durch den Dialog zu einer Brücke zwischen den Staaten, Kulturen und Religionen werden kann. Diese Auffassung sieht die Position von einem nur universellen Kern an Rechten, der auf einige wenige Werte beschränkt wird, als ungeeignet, veraltet und letztlich auch kontraproduktive Reduzierung des Völkerrechts auf einen Minimalkonsens an.[90] Und es ist dieser Kritik zuzugeben, dass schon fraglich ist, ob Einigkeit über diesen Minimalstandard zu erzielen ist. Es mag heute Völkermord von keiner Religion oder Kultur gedeckt sein, auch wenn wir andererseits auf dem afrikanischen Kontinent die Versuche, bestimmte ethnische Gruppen auszurotten, ständig sehen. Aber bereits das Folterverbot wird keinesfalls weltweit abgelehnt. Schon innerstaatlich bei uns in Deutschland zeigt im übrigen die Diskussion um den Fall *Jakob von Metzler*, des entführten und ermordeten Bankierssohns, dessen Täter im Polizeiverhör wohl Folter angedroht worden sein soll, dass auch national kein Konsens besteht, ob die deutsche Rechtsordnung Folter zulässt.[91]

---

88    Zum Dialog-Aspekt auch Fischer/Diab, NJW 2007, 2975.

89    Sie auch die Überschrift dieses Beitrags, allerdings mit „?" versehen.

90    Fastenrath, in: Dupuy/Fassbender/Shaw/Sommermann (Hrsg.), FS Tomuschat, S. 166 ff.

91    Zur derzeit noch anhängigen Individualbeschwerde des Täters vor dem EGMR siehe Gäfgen gegen Deutschland, Entscheidung über die Zulässigkeit v. 10. April 2007 (fünfte Sektion), Beschwerde Nr. 22978/05, Europäische Zeitschrift für Grundrechte (EuGRZ) 2007, 508 ff. (deutsche Übersetzung). Die Originalentscheidungen des EGMR sind abrufbar unter http://www.echr.coe.int/Hudoc.htm.

Auf der anderen Seite ist auch dieser einnehmenden Auffassung, die den Dialog ins Zentrum rückt, entgegenzuhalten, dass eine Interpretation eines Rechts unter Zulassung kultureller Vielfalt die Gefahr einer Relativierung seines Inhalts birgt. Und es besteht weiter die Gefahr, dass auch im Dialog um den Preis der Einigung oder wenigstens einer Ergebniserzielung nur der kleinste gemeinsame Nenner gefunden wird. Hier sollte zu Lasten des Inhalts von Menschenrechten nicht ein Konsens um jeden Preis herbeigeführt werden wollen.

Alles in allem scheint mir aber dieser Aspekt, den Menschenrechtsschutz als Brücke zwischen Kulturen und Religionen zu sehen und sein Dialogpotential hervorzuheben, entscheidend zu sein: denn es ist eine vorwärtsgewandte und zukunftsweisende Sichtweise. Der Menschenrechtsschutz bietet die Chance zum Dialog gerade zwischen Islam und Christentum und dieser ist in unseren Zeiten unverzichtbar. Voraussetzung ist allerdings aus Sicht des Völkerrechts, dass auch die nötigen Gremien und Kontrollorgane geschaffen werden, um diesen Dialog rechtlich zu führen.

# F. Schlussbemerkung: Menschenrechte: eine „neue Religion"? – zumindest eine Brücke zwischen den Kulturen und den Religionen

Zum Abschluss soll noch einen Schritt weitergegangen werden und die – vielleicht ketzerische – Frage erlaubt sein, ob denn diese den Dialog ermöglichenden, universalen, religionsübergreifenden Menschenrechte etwa selbst eine „neue Religion" sind?

Zumindest die Allgemeine Menschenrechtserklärung der Vereinten Nationen von 1948 könnte dies nahe legen. Sie spricht in ihrer Präambel nicht von einem Schöpfer, nicht vom Christentum oder Islam, nicht von einem Gott oder einem Mohammed: aber sie spricht von einem <u>Glauben</u> und formuliert, dass die Völker der Vereinten Nationen in der UNO-Satzung „ihren *Glauben an die* .... *Menschenrechte* .... bekräftigt und beschlossen haben."[92]

Aber auch wenn man so weit nicht gehen will und die Menschenrechte als eine neue und doch wieder wie gezeigt nicht gar so neue – „Heilslehre" titulieren will, sind sie doch zumindest – und das ist nicht wenig – ein universelles Konzept, das eine tragfähige Basis für einen gemeinsamen Dialog und bestenfalls auch Konsens darstellt – zwischen den Kulturen und den Religionen.

---

92    Abs. 4 der Präambel.

Menschenrechte und Islam –
ein innerer Widerspruch?:

die Antworten der Arabischen Charta
der Menschrechte von 2004

# A. Einleitung

Seit meinem letzten Vortrag hat sich ein Fall ereignet, der sehr eindrucksvoll das Spannungsfeld Islam, islamisches Rechtsverständnis und das Verhältnis zu den Freiheitsrechten – konkret der Religionsfreiheit – illustriert: der Fall des „Teddybären Mohammed"[93]: eine britische Lehrerin, die im Sudan, in Kharthum, an einer englischen Schule unterrichtete, war zu 15 Tagen Haft verurteilt worden, da sie zugelassen hatte, dass das Bärenmaskottchen ihrer Klasse Mohammed heißen durfte. Dies wurde als Verunglimpfung des Islam bewertet. Nach diplomatischen Interventionen der britischen Regierung wurde die Lehrerin vom sudanesischen Präsidenten – gegen den Zorn der Volksmassen – begnadigt und durch ein sudanesisches Gericht des Landes verwiesen. Übertragen wird den Fall auf westliche Verhältnisse, dann ist es von der Religionsfreiheit gedeckt, einen Teddybären „Mohammed", „Gott" oder „Jesus Christus" zu nennen – und sogar ihn auch anzubeten. Wir erkennen bereits, dass hier „Welten aufeinander stoßen".

Von diesem Fall ist es nicht weit zu einigen grundlegenden Fragen zu dem Thema, wie sich Islam und der Schutz der Menschenrechte zueinander verhalten. Zwei Aspekte möchte ich Ihnen im Folgenden vorstellen: erstens die Frage nach dem Verhältnis zwischen dem Islam und den Menschenrechten; insbesondere geht es hierbei um das Verhältnis zwischen Scharia und Menschenrechten. Zweitens ist die

---

93    Näher dazu FAZ v. 04.12.2007 Nr. 282, S. 7.

Entwicklung der islamischen Menschenrechtsdokumente darstellen und insbesondere die Arabische Menschenrechtscharta aus dem Jahre 2004 zu untersuchen.[94] *Das* aktuelle, islamisch-arabische Dokument, das kurz vor dem völkerrechtlichen Inkrafttreten steht, aber weithin, auch in der Fachwelt unbekannt, ist.

# B.  Islam und Menschenrechte: Unvereinbarkeit?

Beginnen wir mit der Frage nach dem Verhältnis zwischen „dem Islam" und den Menschenrechten. Sind beide unvereinbar?

Vorab ist festzuhalten, dass in der Wissenschaft die Frage, ob es „*den* Islam" gibt und welche Inhalte er hat, kontrovers beurteilt wird. Hier soll davon ausgegangen werden, dass der Islam zwei Aspekte hat:[95] er bezieht sich auf Texte (Koran und Sunna), die die Ansichten und das Handeln der Muslime bestimmen; er ist ferner eine Religion und darüber hinaus, aber auch ein weitergehendes Phänomen, worauf ich nachher noch mal eingehen werde, nämlich, eine religiös bestimmte Gesamtordnung, die alle menschlichen Beziehungen einer Gesellschaft und eines Staates regelt.

## 1.  Menschenrechte im Islam

Bereits in meinem letzten Vortrag habe ich darauf hingewiesen, dass die Idee von Grundrechten und Freiheiten nicht nur mit dem Christentum verbunden ist, sondern auch im Islam anerkannt wird. Dies gilt es heute zu vertiefen. Die menschenrechtliche und islamwissenschaftliche Literatur unterstreicht die muslimische Sichtweise, wonach der Islam von Beginn an Menschenrechte gewährt habe, die viel später erst von

---

94    Text abrufbar unter www.humanrights.ch. (unter: Instrumente).
95    Dazu auch Bock, NVwZ 2007, 1250.

der westlichen Welt „entdeckt worden seien".[96] Als entscheidender
Ausgangspunkt wird der Koran selbst gesehen, der alle für den
Menschen geltenden Rechte enthalte und als „Ur-Menschenrechts-
katalog" oder „Magna Charta der Menschenrechte" bezeichnet wird.[97]
Auf seiner Basis könnten, so Stimmen in der islamischen Literatur[98],
daher Kataloge von Menschenrechten im Islam formuliert werden.

Unbestritten ist in der – auch westlichen – Literatur unter Bezug
auf den Koran, dass er die Würde des Menschen anerkennt.[99] Sie kommt
dem Menschen nach dem Koran zu, da Gott „die Menschen als seine
Sachwalter, Treuhänder oder Stellvertreter (arab. *khalifa*, davon abgeleitet
Kalif) eingesetzt hat".[100] Sie wurde ihm also geschenkt durch Gott und
wird dem Menschen gewährt, weil er der Stellvertreter Gottes auf Erden
ist. Diese Begründung ist der christlichen Vorstellung von der
Gottebenbildlichkeit des Menschen[101], die den Gedanken der Würde
des Menschen befördert hat, durchaus verwandt.

Zudem belegt die islamwissenschaftliche Literatur, dass der Koran
Rechte des Menschen, die aus seiner „ursprünglichen Wesensart"
herrühren kennt, also Rechte, die mit seinem „Dasein als Mensch"
begründet werden.[102] Es sind „das Recht auf Leben, Freiheit und
Gleichheit und das Recht, einer Mutter Sohn zu sein" (Sure 30, 30). Zu
recht wird hierin vorsichtig ein „Anklang" an die europäisch-westliche

---

96    Hierzu und zum Folgenden Helbling, Das völkerrechtliche Verbot der Ge-
      schlechterdiskriminierung in einem plurikulturellen Kontext, S. 15 mwN.
97    Hassan, in: Witte/van der Vyver (Hrsg.), Religious Human Righst in Global
      Perspective: Religious Perspective, S. 370 f.; Müller, Islam und Menschen-
      rechte, S. 125 f.; Wielandt, in: Schwartländer (Hrsg.), Freiheit der Religion,
      Christentum und Islam unter dem Anspruch der Menschenrechte, S. 185.
98    Hassan, ibidem, S. 370 ff.
99    Dazu näher Krämer, VRÜ 38 (2005), 267.
100   Sure 17, 70, dazu Krämer, ibidem.
101   Dazu oben, erster Vortrag, unter B. 2.1.
102   Nagel, Das Islamische Recht, S. 347.

Auffassung vom Menschenrecht ausgemacht[103], das nach der Lehre von *John Locke* dem Menschen von Natur aus zukommt.[104]

Zwei wesentliche Einschränkungen sind aber zu konstatieren, die dann auch den Unterschied zum westlichen Verständnis von den Menschenrechten ausmachen:

Erstens bedeutet die Ausstattung mit Würde und Rechten im Islam nicht zugleich auch die Zuerkennung einer echten Freiheit des Menschen; die Freiheit wird vielmehr in der „Ergebenheit zum Willen Gottes" gesehen. Anders gewendet: der einzelne Mensch ist auf die Einhaltung des göttlichen Gebots verpflichtet.[105] Er hat also vor allem Pflichten gegenüber Gott. Die dem Menschen verliehenen Rechte dienen nur der Erfüllung dieser Pflichten. Aus dieser theozentrischen Sicht folgt also die Kopplung der Vorstellung von Menschenwürde und Menschenrechten an die Einhaltung gottgegebener, religiöser Vorschriften, die dann in der Scharia ihren Niederschlag finden. Die Idee eines „vom göttlichen Gesetz losgelösten, sittlich autonomen Individuums", das sich frei entfalten kann, ist dieser Sicht fremd.[106]

Dies ist <u>eine</u> Wurzel für die Schwierigkeiten, die das islamische Denken im Internationalen Menschenrechtsschutz bereitet. Der Widerspruch zur westlichen, auf den Einzelnen konzentrierten Sicht von dem Individuen, das Freiheiten gegenüber Vorschriften von außen, einschließlich solcher des Staates, genießt, ist offenkundig. Und auch die im Koran genannten „ursprünglichen" Rechte des Menschen sind an eine Religionszugehörigkeit – an die des Islam – gekoppelt, wie die Islamwissenschaft aus der sprachlichen Formulierung im Arabischen nachweist[107]: die Rechte realisieren sich also allein in dem islamischen

---

103   So von Nagel, Das Islamische Recht, S. 347.
104   Siehe dazu eingehend bereits oben, meinen ersten Vortrag, unter B. 2.1.
105   Krämer, VRÜ 38 (2005), 267.
106   Krämer, VRÜ 38 (2005), 268 (unter Bezug auf die ägyptische Muslimbruderschaft).
107   Dazu Nagel, Das Islamische Recht, S. 347 f.

Glauben, der als ursprünglicher, insbesondere dem Juden- und Christentum, vorausgehender Glaube gesehen wird. Hieraus resultieren die Unterschiede zur Religionsfreiheit im westlichen Sinne.

Zweitens gliedert sich der Einzelnen nach islamischer Sicht harmonisch ein in die Gemeinschaft. In die Gemeinschaft der Gläubigen, die umma, deren Interessen denen des Individuums vorgehen.[108] Der Einzelne ist und bleibt Teil dieser Gruppe, die definiert, wieweit seine Rechte reichen. Auch zum Staat, als Repräsentant der umma, besteht daher eine harmonische Beziehung; die Vorstellung, die Position des Staates zugunsten des Einzelnen einschränken zu müssen, ist mit diesem Denken kaum vereinbar. Dies ist eine weitere Wurzel für die Schwierigkeiten im Internationalen Menschenrechtsschutz, dem von arabischer und auch afrikanischer Seite vorgeworfen wird, auf den Einzelnen und seine Rechte fixiert zu sein. Auch diese Sicht von der harmonischen Einfügung in Gruppe und Staat unterscheidet sich deutlich von der westlichen Idee der unbeschränkbaren Freiheitssphäre des Individuums, die vor Eingriffen zu schützen ist.

Mit Blick auf diese Gegensätze zum westlichen Menschenrechtsverständnis wird in der islamwissenschaftlichen Literatur daher die These vertreten, das westliche Menschenrechtskonzept, das unabhängig von einer Religionszugehörigkeit gilt, lasse sich prinzipiell nicht mit dem islamischen Konzept der Bezogenheit des Menschen auf Gott hin vereinbaren.[109] Im Völkerrecht gibt man sich optimistischer.[110] Denn hier zeigt die Praxis, dass die muslimischen Staaten gerade im Rahmen

---

108    Krämer, Islam, Menschenrechten und Demokratie, Anmerkungen zu einem schwierigen Verhältnis, S. 27.

109    Ibidem, S. 348, dort Anm. 139. Der Göttinger Islamwissenschaftler Tilman Nagel gilt in Deutschland als führend und referierte auch auf dem Internationalen Symposium „Sein und Sollen des Menschen", das v. 23.-25.01.2008 an der KU Eichstätt stattfand.

110    Dazu und zum Folgenden Vitzthum, in: ders. (Hrsg.), Völkerrecht, I, Rnr. 85 mwN.

der Vereinten Nationen an der zunehmenden Entwicklung der Menschenrechtsdebatte teilnehmen und diese zwar nicht vorbehaltlos teilen, aber entsprechende Instrumente keinesfalls generell ablehnen.

Ein Auseinandersetzungs- und Brennpunkt bleibt allerdings im Menschenrechtsschutz, wie auch von mir zu zeigen sein wird, sehr wohl das religiös motivierte innerstaatliche Recht der islamischen Staaten: die islamische Scharia.

## 2. Islam und islamisches Recht: die Scharia

*2.1 Die Auslegung des Korans durch die Scharia: der Islam als allumfassende Lebensordnung*

Wie bereits erwähnt, ist der Islam nicht nur eine Religion, sondern ein allumfassendes, das Leben einer Gesellschaft und eines Staates regelnde Gesamtordnung, die religiös bestimmt ist. Religion, Recht und Politik werden als untrennbar verbunden bewertet, jedenfalls von den Muslimen, die eine „islamische Ordnung" anstreben, also die Errichtung islamischer Staaten anstreben und „Islamisten" genannt werden.[111] Es ist die Gruppe, die in den innermuslimischen Diskussionen bislang entscheidend den Ton angibt. Dann ist der Islam „Religion und Staat" zugleich.[112]

Das Regelwerk des Islam, das „göttliche Gesetz", das auf dem Koran und den Überlieferungen des Mohammed, der Sunna, basiert, ist die Scharia.[113] Sie regelt jeden Aspekt des Alltags der Muslime. Sie enthält

---

111  Näher Krämer, Islam, Menschenrechten und Demokratie, Anmerkungen zu einem schwierigen Verhältnis, S. 20 ff.

112  Helbling, Das völkerrechtliche Verbot der Geschlechterdiskriminierung in einem plurikulturellen Kontext, S. 6.

113  Nagel, Das islamische Recht, S. 6 und 12. Zur Scharia näher auch Helbling, Das völkerrechtliche Verbot der Geschlechterdiskriminierung in einem plurikulturellen Kontext, S. 6 ff. mwN.

Vorschriften nicht nur zu Glaubensfragen, zur Theologie, Ethik und Moral, sondern z.B. auch zur Bekleidung, Höflichkeit und den guten Sitten.[114] Inhalte und Konsequenzen des Islam und vor allem der Scharia sind in der muslimischen Welt umstritten.[115] Koran und Sunna werden insbesondere von Sunniten und Schiiten unterschiedlich interpretiert. Aus Sicht der Rechtswissenschaft handelt es sich bei den durch die verschiedenen Schulen des Islam vorgenommenen Auslegungen des Korans und der Sunna um unterschiedliche, umstrittene, theologische Interpretationen.[116] Und bei der Scharia um ein religiöses Recht, über dessen Inhalt und Geltung keine Einigkeit besteht. Ebenso wenig wie „den Islam" gibt es daher „die" – einzige – Scharia.

Wie verhalten sich nun Menschenrechte und Scharia zueinander?

*2.2 Menschenrechte und Scharia: rechtliche Ungleichheit zwischen den Geschlechtern und zwischen Muslimen und Nichtmuslimen*

Ein besonderes Charakteristikum der Scharia ist, dass sie ein göttliches Recht ist, das daher jedem von Menschen gemachtem Recht überlegen ist. Dies könnte bedeuten, das weltlich gesetztes und internationales Recht, einschließlich der Menschenrechte, von vornherein nur nachrangig sein können.[117] Andererseits kann man argumentieren, dass die Ableitung von Rechten – hier aus dem Gesetz als Wille Gottes – nicht

---

114    Dazu auch Helbling, Das völkerrechtliche Verbot der Geschlechterdiskriminierung in einem plurikulturellen Kontext, S. 7.

115    Zu den verschiedenen Rechtsschulen Nagel, Das islamische Recht, S. 241 ff.

116    Dazu auch Bock, NVwZ 2007, 1250.

117    Zur Frage einer grundsätzlichen Unvereinbarkeit des klassischen islamischen Rechts mit dem Völkerrecht, als einem von Staaten geschaffenen Recht, Vitzthum, in: ders. (Hrsg.), Völkerrecht, I, Rnr. 83 ff.. Zur Unterscheidung des „Gebiets des Islam" und des „Gebiets des Krieges" als dem Aufeinanderstoßen verschiedener Rechtssysteme auch Nagel, Das islamische Recht, S. 105 f.

zwingend deren Inhalt bestimmen muss. Es ist denkbar, demokratische und rechtsstaatliche Elemente – wie die Menschenrechte, die Gewaltenteilung, das Mehrheitsprinzip oder das Gleichheitsprinzip – als Inhalt der Rechte auszumachen, auch wenn das sie gewährende Gesetz religiös begründet ist.[118]

Zu unterstreichen ist ferner, dass in der Rechtspraxis der muslimischen Staaten die Scharia zwar einerseits als die Hauptquelle des staatlichen Rechts betrachtet wird[119], sie andererseits aber nur zu Regelung weniger Rechtsbereiche herangezogen wird: im Ehe-, Familien- und Erbrecht, in der juristischen Methodenlehre und im Strafrecht. Darüber hinaus wird das Verhältnis der Religionen untereinander vom klassischen islamischen Recht der Scharia bestimmt. Ansonsten gilt säkulares Recht westlicher Herkunft.

Damit sind auch die beiden Bereiche umrissen, die im Mittelpunkt der Menschenrechtsdiskussion stehen: das Verhältnis der Geschlechter im Familien- und Erbrecht und die Stellung von Nichtmuslimen. Denn die hier zu findenden Regelungen der Scharia entsprechen nicht dem westlichen Menschenrechtsstandard:

So geht die Scharia zwar von der Gleich*wertigkeit* von Mann und Frau aus, aber nicht von deren *Rechts*gleichheit.[120] Begründet wird dies damit, dass Gott eine weibliche und eine männliche Natur geschaffen habe, die komplementäre Rollen erfüllten und denen daher auch unterschiedliche Rechte zukämen. Die daraus resultierenden verschiedenen Behandlungen etwa in der Ehe (z.B. Verheiratung ohne

---

118    Ausdrücklich auch Krämer, Islam, Menschenrechten und Demokratie, Anmerkungen zu einem schwierigen Verhältnis, S. 25.

119    Vgl. etwa Art. 2 der Verfassung Ägyptens v. 22.05.1980.

120    Krämer, Islam, Menschenrechten und Demokratie, Anmerkungen zu einem schwierigen Verhältnis, S. 28 f.; Helbling, Das völkerrechtliche Verbot der Geschlechterdiskriminierung in einem plurikulturellen Kontext, S. 19 ff. Zum unterschiedlichen Rang der Frauen nach Sure 4, 34 des Koran auch Nagel, Das islamische Recht, S. 68 ff. (70).

Zustimmung der Frau, Polygamie) und im Scheidungsrecht (Verstoßung durch den Mann ausreichend, während die Frau nur aufgrund bestimmter Gründe formalisiert bei einem Richter die Scheidung beantragen darf sowie Verlust der Elternrechte der Frau im Fall der Scheidung in Bezug auf die Kindern) sind bekannt und im „gender"-Schrifttum[121] diskutiert worden.[122]

Ferner sieht die Scharia auch keine Rechtsgleichheit für Nichtmuslime vor.[123] Geregelt wird sowieso nur das Verhältnis zu den anderen beiden Buchreligionen, Juden und Christen. Hinduisten oder Buddhisten etwa, die nicht selten in der Praxis mit den Muslimen zusammenleben, werden nicht erwähnt und erst Recht nicht „neue Religionen" etwa die Baha'i, die sich im 19. Jahrhundert in islamischen Staaten bildeten und z.B. im Iran besonders verfolgt werden. Die Nichtmuslime, also Juden und Christen, sind nach den schariatischen Vorschriften von bestimmten öffentlichen Ämtern ausgeschlossen, z.B. dem Richteramt. Da dieses, weil dort die Scharia, das göttliche Recht anzuwenden ist, auch selbst religiös geprägt ist, kann dies aus der Logik der Islam zwar nicht verwundern. Dem Gleichheitsgrundsatz entspricht dieser Ausschluss jedoch nicht.

Diese neuralgischen Punkte im Verhältnis Islam und Scharia zu den Menschenrechten erklären, dass sich die Mitgliedschaft islamischer Staaten in internationalen Menschenrechtsdokumenten schwierig gestaltet. Die islamischen Staaten haben, wohl auch deshalb, einen „eigenen" Weg in islamischen Menschenrechtsdokumenten gesucht und beschritten.

---

121   Etwa Howland, Columbia Journal of Transnational Law 35 (1997), 271 ff.
122   Zum islamischen Ehe- und Familienrecht der muslimischen Staaten insgesamt An-Na'im, Islamic Family Law in a Changing World, 2002. Zum koranischen Eherecht näher Nagel, Das islamische Recht, S. 68 ff.
123   Näher: Krämer, Islam, Menschenrechten und Demokratie, Anmerkungen zu einem schwierigen Verhältnis, S. 29 f.; Nagel, Das islamische Recht, S. 94 ff.

# C. Mitgliedschaft islamischer Staaten in internationalen Menschenrechtsdokumenten und bisherige islamische Menschenrechtsdokumente

## 1. Die Mitgliedschaft islamischer Staaten in internationalen Menschenrechtsdokumenten: der „eigene" Weg

Betrachtet man die Entwicklung der Position islamischer Staaten im internationalen Menschenrechtsschutz seit der Gründung der Vereinten Nationen, sind zwei Tendenzen auszumachen:[124] in der ersten Epoche der Nachkriegszeit mit der Gründung der Vereinten Nationen und dem sich in diesem Zuge entwickelnden Menschenrechtsschutz unterstützten die muslimischen Staaten diese Entwicklung weitgehend; der Grund wird darin gesehen, dass sie sich nach dem Ende der Kolonialherrschaft international legitimieren und völkerrechtlich anerkannt werden wollten. Seit Ende der 70er Jahre ist eine Emanzipationsbewegung auszumachen, die ihren konkreten Ausdruck in den Vorbehalten muslimischer Staaten findet, die sie zu internationalen Menschenrechtsinstrumenten erklären; den Dokumenten wird meist nur unter Beachtung der Scharia, des Islam und eigener Traditionen zugestimmt.[125]

---

124   Dazu Helbling, Das völkerrechtliche Verbot der Geschlechterdiskriminierung in einem plurikulturellen Kontext, S. 17 f. mwN.

125   Ibidem, S. 18 (insbesondere dort Anm. 60). Insbesondere auch insgesamt Petersohn, Islamisches Menschenrechtsverständnis unter Berücksichtigung der Vorbehalte islamischer Staaten zu den UN-Menschenrechtsverträgen.

Damit wird erreicht, dass ihre innerstaatlichen Regelungen von den internationalen Vorschriften unberührt bleiben. Die muslimischen Staaten beteiligen sich also zwar am internationalen Menschenrechtsdiskurs im Rahmen der Vereinten Nationen[126], dokumentieren jedoch durch die Vorbehalte zugleich ihr abweichendes Verständnis zu einzelnen Menschenrechten.

Hinzukommt seit den 80er Jahren die Entwicklung eines „eigenen", partiellen Menschenrechtsschutzes durch entsprechende, islamisch-muslimisch geprägte Instrumente. Sie sollen ein Gegenentwurf zum westlichen Menschenrechtsstandard sein und sind auch Ausdruck gewachsenen Selbstbewusstseins. Eine muslimische Menschenrechtslehre sollte realisiert werden, womit man sich zugleich vor westlicher Ideologie und wohl auch vor anderen Religionen schützen wollte. So entstand im Jahre 1981 eine eigene sog. Allgemeine Islamische Menschenrechtserklärung[127], die nicht zuletzt auch deutlich machen sollte, dass die islamischen Staaten die Allgemeine Menschenrechtserklärung der Vereinten Nationen von 1948 nicht als Verbriefung ihres Menschenrechtsverständnisses betrachten, da diese in der Entstehungszeit der Vereinten Nationen verfasst wurde, als die westlichen Staaten machtpolitisch die Mehrheit stellten.

Weitere muslimische Menschenrechtsdokumente folgten. Die in meinem Vortrag im Zentrum stehende Arabische Menschenrechtscharta von 2004 ist das – bisherige – letzte und jüngste muslimische Menschenrechtsdokument. Sie reiht sich ein in die bisherigen Dokumente und entwickelt – wie zu zeigen sein wird – die bisherigen Dokumente vor allem aber auch fort. Ein Blick auf die Vorgängerdokumente ist daher

---

126  Optimistisch zum Diskurs Schwartländer/Bielefeldt, Christen und Muslime vor der Herausforderung des Menschenrechts, S. 39 ff.

127  Abgedruckt in frz. Fassung bei Abu-Sahlieh, Les Musulmans face aux droits de l'homme, S. 486 ff.

zum Verständnis der aktuellen Arabischen Menschenrechtscharta un-
erlässlich: der Arabischen Menschenrechtscharta von 2004 gingen drei
Dokumente voraus: die bereits genannte „Allgemeine Erklärung der
Menschenrechte im Islam" von 1981, die „Kairoer Erklärung der Men-
schenrechte im Islam" von 1990 und als unmittelbare Vorgängerin die
Arabische Menschenrechtscharta von 1994.

## 2. Die „Allgemeine Erklärung der Menschenrechte im Islam" von 1981

Die „Allgemeine Erklärung der Menschenrechte im Islam" von 1981[128]
wurde auf Antrag des „Islamrates für Europa", eines privaten Vereins[129]
mit Hauptsitz in London, von einer Gruppe islamischer Rechtswissenschaftler und Theologen ausgearbeitet. Es ist daher zu betonen, dass es
sich bei ihr – im Unterschied zu den anderen noch zu beleuchtenden
Dokumenten – nicht um ein völkerrechtliches Instrument[130] handelt,
da es nicht in einer zwischenstaatlichen Organisation entstanden ist.
Immerhin wurde sie im Rahmen der UNESCO proklamiert.[131] Diese
Deklaration listet 23 Rechte auf, darunter klassische bürgerlich-politi-
sche Rechte, wie das Recht auf Leben (Art. 1), Freiheit (Art. 2), den
Schutz vor Folter (Art. 7), Glaubens- und Gedankenfreiheit (Art. 12),

---

128  Zum Nachweis, ibidem.
129  Es handelt sich um eine Organisation, die stark von Ägypten, Pakistan und
     insbesondere Saudi-Arabien beeinflusst sein soll, so Helbling, Das völker-
     rechtliche Verbot der Geschlechterdiskriminierung in einem plurikulturellen
     Kontext, S. 103 mwN.
130  Ebenso Helbling, Das völkerrechtliche Verbot der Geschlechterdiskriminie-
     rung in einem plurikulturellen Kontext, S. 103 mwN.
131  Vom damaligen Generalsekretär Salem Azzam, dazu Mikunda Franco, JöR
     44 (1996), S. 215.

einer Vorschrift zu Verfahrenaspekten in dem „Recht auf ein gerechtes Gerichtsverfahren", aber auch einen Artikel, der „wirtschaftliche Rechte" (Art. 15) benannt ist und in dem es um die Freiheit zur wirtschaftlichen Aktivität geht. Die Abfolge der Rechte lehnt sich an die Allgemeine Erklärung der Menschenrechte der Vereinten Nationen von 1948, die insoweit „Vorbild" war, auch wenn man sich im Einzelnen dann bewusst von ihr unterscheiden wollte und das auch getan hat.

Wie ihr Name bereits zum Ausdruck bringt, geht es um die Menschenrechte im Islam. Der Bezug zum Islam – als der wahren Religion, wie die Präambel ausdrücklich vermerkt[132] – ist der entscheidende und durchgängige Inhalt dieser Erklärung. So beginnt sie mit den Worten „Im Namen Gottes, des Erbarmers und des Barmherzigen" und endet mit dem Lob, das „Gott gebührt". Ferner referiert die Präambel, dass der Islam „Vor 14 Jahrhunderten ... die ‚Menschenrechte' umfassend und tiefgründend als Gesetz" festgelegt habe. Damit wird die oben bereits erwähnte Auffassung deutlich, wonach der Islam bzw. der Koran selbst die „Magna Charta der Menschenrechte" darstellt. Und an späterer Stelle in der Präambel folgt die explizite Aussage, dass die in dieser Erklärung im „Namen des Islam" verkündeten Menschenrechte aus dem „edlen Koran und der reinen Sunna des Propheten" hergeleitet werden.[133]

Bei jedem einzelnen Recht wird dann auch konsequenterweise eine einschlägige Koranstelle als Beleg angeführt. Diese religiöse Fundierung unter Verweis auf Koran und Sunna kann per se nicht als ungerechtfertigt betrachtet werden.[134] Ist es doch – und das habe ich in meinem letzten Vortrag versucht nachzuweisen – möglich, Menschenrechte auf verschiedene Weise zu begründen und im Hinblick auf ihre Entstehungsgeschichte gerade ihre religiösen Wurzeln zu unterstrei-

---

132   Siehe Präambel 3. Abs., 3. Spiegelstrich.
133   Siehe Präambel 3. Abs., letzter Spiegelstrich (vor Ziff. 1).
134   Dazu auch Fischer/Diab, NJW 2007, 2973.

chen, wie es etwa die nähere Betrachtung von *John Lockes* Werk, mit seinem christlichen Ausgangspunkt, belegt.[135] Allerdings kommt es dann entscheidend auf die Auslegung und den Inhalt des Rechts und der Ablösung von religiösen Bezügen an. Die europäisch-westlichen Menschenrechte haben sich in der Aufklärung verfestigt hat und heute zu einem inhaltlich säkularen Menschenrechtsschutz entwickelt.

Und daher ist bei der „Allgemeinen Erklärung der Menschenrechte im Islam" – wie auch bei den Nachfolgeinstrumenten, worauf daher immer wieder zurückzukommen ist – der Vorbehalt der Scharia problematisch, der das ganze Dokument durchzieht. In nahezu jeder Vorschrift taucht der Begriff Scharia auf. Sie ist der Bezugspunkt und einzuhaltende Kodex. Das islamische Recht, die Scharia, bestimmt damit Umfang und Grenzen der deklarierten Rechte. Besonders deutlich wird das etwa, wenn das „Recht auf Gerechtigkeit" (Art. 4) bedeutet, dass jeder nur „nach der Scharia beurteilt wird" oder wenn die „Rechte der Minderheiten" (Art. 10) durch die „Scharia des Islam" bestimmt werden oder das „Recht auf Gedanken-, Glaubens- und Redefreiheit" (Art. 12) jedem gewährt wird, „solange er innerhalb der allgemeinen Grenzen, die die Scharia vorschreibt, bleibt". Damit werden Rechte nur insoweit anerkannt und zugestanden, als sie mit der Scharia konform gehen. Die Schwierigkeiten, die dieses islamische Regelwerk im Bereich Strafrecht und der Gleichheit der Geschlechter aus westlicher[136] Sicht birgt, wurden bereits oben behandelt.

Hinzukommt der Bezug auf die umma, die muslimische Glaubensgemeinschaft. Rechte gelten entweder von vorneherein nur für Mitglieder der umma, z.B. das Recht , sich über Dinge, die das öffentliche Wohl der Gemeinschaft betreffen, zu unterrichten (Art. 11 a)) oder Rechte sind an den Interessen der umma ausgerichtet, z.B. das öffentliche Eigentum, das ihr dient und unverletzlich ist (Art. 15 c) und Art. 16).

---

135    Dazu und zum Folgenden bereits oben, erster Vortrag, unter B.2.1.

Die „Allgemeine Erklärung der Menschenrechte im Islam" von 1981
setzt damit die eingangs skizzierten islamischen Auffassungen und Einschränkungen der Menschenrechte und ihrer Geltung konsequent um:
Rechte gelten nicht losgelöst vom göttlichen Gesetz und nur innerhalb
der muslimischen Glaubensgemeinschaft.

Gleiches gilt, lassen Sie mich das vorwegnehmen, für die „Kairoer
Erklärung der Menschenrechte im Islam".[137] Ein Dokument, das anders als die „Allgemeine Erklärung der Menschenrechte im Islam" von
der Organisation der Islamischen Konferenz, einem Zusammenschluss
von 57 islamischen Staaten, erarbeitet und 1990 von deren Außenmini-
stern unterzeichnet wurde.[138] Es handelt sich also um ein völkerrechtlich relevantes Dokument:

## 3. „Kairoer Erklärung der Menschenrechte im Islam" von 1990

Hier treffen wir auf ein völkerrechtliches Dokument, dass zur Bedeutung der Scharia an Deutlichkeit kaum zu überbieten ist. In der Präambel wird das Ziel vorgeben, dem Einzelnen ein „würdiges Leben im
Einklang mit der islamischen Scharia" zu ermöglichen.[139] Am Ende, im
vorletzten Artikel, wird proklamiert, dass „(a)lle in dieser Erklärung
aufgestellten Rechte und Freiheiten der islamischen Scharia unterliegen" (Art. 24). Und in der darauf folgenden Schlussvorschrift (Art. 25)
wird nochmals betont, dass die „islamische Scharia ... die einzige zu-
ständige Quelle für die Auslegung oder Erklärung jedes einzelnen Arti-

---

136    Zur innerislamischen Kritik Mikunda Franco, JöR 44 (1996), S. 215 f.
137    Text abrufbar über http://de.wikipedia.org/.
138    Die Islamische Konferenz wurde 1969 gegründet und besteht aus der Ebene
       der Außenminister (Arbeitsebene) und der Gipfelkonferenz der Staatsober-
       häupter und Könige (höchste Ebene); die Kairoer Erklärung wurde nur von
       den Außenministern unterzeichnet (45 Staaten).
139    Abs. 2 der Präambel.

kels dieser Erklärung" ist, so dass auch wirklich kein Zweifel verbleiben kann. Und auch in den dazwischenliegenden Vorschriften zu den einzelnen Rechten wird eingeschränkt, dass die Ausübung des Rechts im Einklang mit der Scharia zu erfolgen hat.[140]

Abgesehen von dem umfassenden Scharia-Vorbehalt, begegnet und auch hier wieder die religiöse Fundierung und Kopplung der Rechte an den Islam, wenn die Mitgliedstaaten der Erklärung ihre Überzeugung kundtun, dass die „Rechte und Freiheiten ein integraler Bestandteil der islamischen Religion" sind.[141] Explizit wird auch ein religiöses Menschenrechtsverständnis dargelegt, das sich ganz grundsätzlich von der universellen Menschenrechtsidee unterscheidet: die Einhaltung der Rechte ist nach der Kairoer Erklärung ein „Akt der Verehrung Gottes und ihre Missachtung oder Verletzung eine schreckliche Sünde, und deshalb ist jeder Mensch individuell verpflichtet, sie einzuhalten".[142] Es geht also nicht um eine freie Selbstentfaltung. Die islamische Religion, die als die entscheidende betrachtet wird, ist daher – aus dieser Sicht konsequent – auch durch das Verbot geschützt, einen Muslim zu einer anderen Religion zu bekehren.[143] Hinzukommt die Einschränkung der Meinungs- und Informationsfreiheit, die abgesehen vom Scharia-Vorbehalt, aus religiösen Gründen begrenzt wird, da weder „die Heiligkeit und Würde des Propheten" verletzt noch die Gesellschaft in ihrem islamischen Glauben geschwächt werden darf.[144] Wer weiß, dass es solche Vorschriften gibt, den können die islamischen Reaktionen im Kari-

---

140   Art. 2 d), 7 b) und c), Art. 12, Art. 16.
141   Abs. 4 der Präambel.
142   Abs. 4 der Präambel.
143   Art. 10. Die „Allgemeine Erklärung der Menschenrechte im Islam" von 1981 betont dagegen die Pflicht zur religiösen Toleranz und das Recht auf religiöse Freiheit (Art. 12 e) und Art. 13). Dazu bereits oben im ersten Vortrag, unter B.2.2.
144   Art. 22 c).

katurenstreit oder im Fall des „Teddybären Mohammed" nicht wirklich überraschen.

Des weiteren begegnet uns auch in der Erklärung von Kairo schließlich die Einbindung des Einzelnen in das Kollektiv der umma[145] sowie der Aspekt, dass der Einzelne nicht nur Rechte, sondern auch Pflichten hat[146]. Und nicht zuletzt tritt – jedenfalls bei genauer Lektüre – auch die Ungleichbehandlung der Geschlechter zutage. Diese wird nicht erst über einen Scharia-Vorbehalt zementiert, sondern durch die Kairoer Erklärung selbst, wonach die Frau, dem Mann zwar „an Würde gleich" ist und auch „Rechte und auch Pflichten" hat, aber nicht von gleichen Rechten die Rede ist.[147]

Alles in allem wird daher die Kairoer Erklärung – zu recht – als äußerst problematisch bewertet. Sie wird als „ernstliche Bedrohung des interkulturellen Konsenses" im internationalen Menschenrechtsschutz eingestuft[148] und aufgrund ihrer Berufung auf die Scharia als mit dem säkularen Menschenrechtsverständnis, das die Vereinten Nationen prägt, unvereinbar bewertet.[149] Und nicht selten ist es – wohl aufgrund der Radikalität in Bezug auf die Scharia – gerade diese Erklärung, die in der politischen und rechtlichen Diskussion herausgegriffen wird, um die Unvereinbarkeit mit dem internationalen Menschenrechtsschutzes zu unterstreichen.[150]

---

145   4. Abs. der Präambel, Art. 22 c).

146   Etwa 4. Abs. der Präambel, Art. 9 b), Art. 6 a).

147   Art. 6.

148   Adama Dieng (Präsident der Internationalen Juristenkommission), nach wikipedia mwN (http://de.wikipedia.org/wiki/Kairoer-_Erkl%C3A4rung_der_ Menschenrecht_im_Islam).

149   Fischer/Diab, NJW 2007, 2973, die die islamischen Dokumente insgesamt aber auch positiv bewerten (2974).

150   Etwa von Kelek, FAZ v. 25.04.2007, Nr. 96, S. 36; siehe auch Zirker, Die Kairoer Erklärung der Menschenrechte im Islam, DuEPublico, S. 3 ff.

Bei aller Kritikwürdigkeit darf aber nicht übersehen werden, dass jedes noch so schwierige Dokument zumindest Transparenz schafft. Hinzu kommen aber vor allem zwei weitere Aspekte, die dieses Dokument relativieren. Erstens handelt es sich um ein zwar völkerrechtlich relevantes, aber nicht verbindliches Dokument, sondern um eine „Erklärung". Theoretisch könnte sie zwar zu einem regionalen Völkergewohnheitsrecht erstarken – eine universelle Anerkennung ist angesichts der westlichen Staatenwelt ausgeschlossen –; aber auch für ein partikulares Gewohnheitsrecht müsste ein übereinstimmender Konsens der islamischen Staaten nachgewiesen werden, Menschenrechte im Sinne der Kairoer Erklärung zu verstehen. Ein solcher Konsens besteht wohl angesichts gerade auch des nun zu nennenden zweiten Aspektes wohl nicht. Denn zweitens darf eine unvoreingenommene Betrachtung des islamischen Menschenrechtsschutzes nicht außer Acht lassen, dass die arabischen Staaten nicht auf dem Niveau der Kairoer Erklärung stehen geblieben sind, sondern ihr noch weitere Dokumente nachfolgten: die Arabische Menschenrechtscharta von 1994 und von 2004.

## 4. Die Arabische Menschenrechtscharta: die Fassung von 1994 und die revidierte Fassung von 2004

Denn mit der Arabischen Menschenrechtscharta, zunächst in ihrer Fassung aus dem Jahre 1994 und dann in der überarbeiteten Version von 2004, tritt uns ein anderes Dokument gegenüber. Beide wurden von der Arabischen Liga, einem Zusammenschluss von 22 arabischen Staaten ausgearbeitet und angenommen:

## 4.1 Die Arabische Charta der Menschenrechte von 1994

Bereits in der Fassung von 1994[151] ist keine Spur mehr von einem generellen Scharia-Vorbehalt, der alle Rechte einschränkt, enthalten. Der Begriff der Scharia taucht nur noch einmal auf, in der Präambel, wonach die Gleichheit der Menschen, „die in der islamischen Scharia und in anderen Religionen der göttlichen Offenbarung festgeschrieben" sei[152], beschworen wird. Stattdessen findet sich eine Schrankenklausel, die – zumindest ähnlich – im internationalen[153], sonstigen regionalen, etwa europäischen[154], und im übrigen auch nationalen Recht[155] üblich ist. Die gewährleisteten Rechte dürfen nur eingeschränkt werden, wenn dies gesetzlich vorgesehen ist und etwa dem Schutz der öffentlichen Ordnung dient oder zugunsten der Rechte und Freiheiten anderer notwendig ist. Freilich gelten die sonstigen bekannten Klauseln nur, für Einschränkungen, die in „demokratischen Staaten" erforderlich sind. Ferner kann dieser – mit dieser Einschränkung – gängige allgemeine Gesetzesvorbehalt dazu führen, dass im innerstaatlichen Recht islamischer Staaten vorhandene Vorschriften der Scharia hierunter fallen. Zudem bekräftigte die Charta ausdrücklich neben internationalen Grundsätzen – wie der Charta der Vereinten Nationen und der Allgemeinen Menschenrechtserklärung – auch die Kairoer Erklärung. Daher stellte sich die Frage eines „Scharia-Vorbehalts durch die Hintertür"[156] und war in der Charta ein kaum zu lösender Widerspruch zwi-

---

151   Text abgedruckt in Human Rights Law Journal 1997, 151 ff.
152   2. Abs. der Präambel.
153   Sie Art. 29 Abs. 2 der Allgemeinen Erklärung der Menschenrechte der Vereinten Nationen.
154   Etwa Art. 8 Abs. 2 und Art. 10 Abs. 2 EMRK.
155   Z.B. Art. 2 Abs. 1 GG.
156   So Fischer/Diab, NJW 2007, 2974.

schen internationalen Standards und der Scharia-fixierten Kairoer Erklärung zu diagnostizieren.[157]

Die Charta in ihrer Fassung von 1994 hatte völkerrechtlich keinen Erfolg. Lediglich der Irak unterzeichnet sie 1996, kein islamischer Staat ratifizierte sie. Sie wurde daher als gescheitert bewertet[158], also bloßes, zudem wohl nur vermeintlich fortschrittliches, Feigenblatt. Über die Gründe der mangelnden Akzeptanz vermag ich nur zu spekulieren. War der Umschwung doch zu radikal? Die Zeit noch nicht reif für ein auch mit Blick auf die internationale Staatengemeinschaft konsensfähigeres Dokument? Möglicherweise waren auch die unterschiedlichen Urheberschaften von Bedeutung? – denn anders als die Kairoer Erklärung, war die Charta das Werk der Arabischen Liga, die bereits weniger Mitgliedstaaten hat als die Organisation Islamische Konferenz.

Knapp zehn Jahre später entstand eine neue Fassung der Arabischen Menschenrechtscharta:

*4.2 Die Arabische Charta der Menschenrechte von 2004*

Im Jahre 2003 beschloss der Rat der Arabischen Liga die Revision der Arabischen Charta der Menschenrechte, mit dem Ziel, diese zu „modernisieren" und im Hinblick auf den internationalen Menschenrechtsschutz zu aktualisieren.[159] 2004 verabschiedete der Rat der Arabi-

---

157 Fischer/Diab, ibidem. Kritisch im Bezug auf die Rechte von Frauen auch Helbling, Das völkerrechtliche Verbot der Geschlechterdiskriminierung in einem plurikulturellen Kontext, S. 108 ff.

158 Fischer/Diab, ibidem.

159 Dazu International Commission of Jurists, Réunion complémentaire à la deuxième session extraordinaire de la Commisison arabe permanente des droits de l'homme consacrée à l'actualisation de la Charte arabe des droits de l'homme (4 au 15 janvier 2004), Adoption du texte de la Charta arabe des droits de l'homme, Commentaires de la Commisison inetrnationale des juristes, Février 2004, p. 3.

schen Liga dann eine stark überarbeitete Neufassung der Arabischen Charta der Menschenrechte.[160] An ihrem Entstehungsprozess waren nicht nur arabische und internationale Menschenrechtsorganisationen, sondern auch der UN-Menschenrechtskommissar und arabische Experten der UN-Menschenrechtskommission[161] beteiligt. Anders als ihre Vorgängerin steht die aktuelle Arabische Menschenrechtscharta kurz vor ihrem völkerrechtlichen Inkrafttreten; die Mehrheit der 22 Mitgliedstaaten der Arabischen Liga hat sie unterzeichnet und am 16. Januar 2008 haben die Vereinigten Arabischen Emirate als siebter Staat ihre Ratifikationsurkunde hinterlegt, wie zuvor bereits Algerien, Bahrain, Jordanien, Libyen, Palästina[162] und Syrien.[163] Zwei Monate nach dieser für die Geltung nötige siebten Ratifikation, also Mitte März 2008, wird die Charta in Kraft treten.[164] Anders als die Kairoer Proklamation und die Vorgängercharta, die nie völkerrechtliche Geltung erlangte, wird sie dann einen ihre Mitglieder völkerrechtlich bindenden regionalen Menschenrechtsvertrag darstellen, wie z.B. die Europäische Menschenrechtskonvention. Erstaunlich ist, dass dieses Dokument auch in der Fachliteratur weitgehend unbekannt ist[165] und wenig untersucht wurde.[166]

Wie nun ist die Arabische Charta der Menschenrechte von 2004 inhaltlich zu bewerten?

---

160   Zum Textnachweis bereits oben, Fußn. 2.

161   Mittlerweile wurde diese abgelöst durch den UN-Menschenrechtsrat.

162   Palästina ist völkerrechtlich betrachtet (noch) kein Staat. In der Arabischen Liga wird es durch die PLO vertreten.

163   Dazu http://uaeinteract.com/docs/UAE_ratifies_Arab_charter_on_human_rights/28218.htm.

164   Art. 49 b).

165   Siehe etwa Hailbronner, in: Graf Vitzthum, Wolfgang (Hrsg.), Völkerrecht, 4. Aufl., Berlin 2007, 3. Abschnitt, Rnr. 267 (Nennung nur der Fassung von 1994).

166   Insgesamt zu den islamischen Dokumenten und auch der Charta von 2004 aber Fischer/Diab, NJW 2007, 2972 ff. (2973 ff.).

Sie enthält deutliche und weitgehende Fortschritte im Vergleich zu den Vorgänger-Instrumenten; andererseits bleiben auch einige Problemfelder. Betrachten wir zunächst die positiven Fortentwicklungen:

## 4.2.1 Fortschritte

Erstens wurden Rechte inhaltlich verbessert und neue Rechte aufgenommen. So entspricht das Schutzniveau einer Vielzahl von Rechten in der Charta – etwa die Verfahrens- und Justizgrundrechte[167] – jetzt inhaltlich dem Niveau der entsprechenden Rechte in internationalen und regionalen Dokumenten. Zudem hat die Arabische Charta, entsprechend der Tendenz gerade auch im regionalen Menschenrechtsschutz der letzten Jahre bestimmte Gruppen zu schützen[168], die Rechte von Kindern[169] und von Behinderten[170] verbrieft. Darüber hinaus könnte die Charta auch aufgrund des gewährten Anspruches auf Schutz vor häuslicher Gewalt gegen Frauen und Kinder[171] anderen Menschenrechtskatalogen als Vorbild dienen und geht hier über internationale Standards hinaus.[172]

Zweitens bekennt sich die Arabische Charta erstmals ausdrücklich zur Universalität der Menschenrechte.[173] Mehrfach wird ferner auf die internationalen Menschenrechtsdokumente, z.B. die Allgemeine Menschenrechtserklärung oder die beiden Pakte Bezug genommen.[174]

---

167  Art. 12 ff. der Charta.
168  Siehe Art. 24 ff. der Europäischen Charta der Grundrechte.
169  Art. 33 c).
170  Art. 40.
171  Art. 33 b).
172  Zur häuslichen Gewalt und dem Schutzniveau im regionalen Menschenrechtsschutz Wittinger, Familien und Frauen im regionalen Menschenrechtsschutz, S. 150 ff.
173  Siehe Art. 1 d), ferner Art. 1 b) und Abs. 4 der Präambel.
174  Abs. 5 der Präambel, Art. 1 d).

Drittens ist kein allgemeiner Hinweis mehr auf die Scharia zu finden; der Begriff taucht nur noch an einer, neuralgischen Stelle zur
Gleichheit der Geschlechter auf, worauf ich sogleich zurückkomme.
Und auch die Vorrangstellung des Islam erscheint etwas zurückgenom-
men; denn die durch die Charta zu konkretisierenden Prinzipien – etwa
der Gleichheit und Toleranz – werden als solche des Islam, aber auch
der anderen Offenbarungsreligionen beschrieben und die arabische Hei-
mat als „Wiege der Religionen" charakterisiert.

Viertens wird ein Überwachungsmechanismus eingeführt; ein sie-
benköpfiger Menschenrechtssausschuss, demgegenüber die Mitgliedstaaten Berichte zur Umsetzung der Charta vorlegen müssen, die der
Ausschuss in öffentlicher Sitzung prüft. Man setzt also nicht auf ein
gerichtsförmiges Verfahren, sondern auf ein anderes Kontrollorgan.
Der Menschenrechtsschutz zeigt, das die dort mögliche „Mobilisierung
von Schande", die die Staaten oft unter allen Umständen vermeiden
wollen, nicht zu unterschätzen ist.

Die Arabische Charta wirft allerdings auch Fragen auf und enthält
einige verbesserungswürdige Aspekte: Auf drei Wesentliche möchte
ich Sie aufmerksam machen[175]:

---

175   Zu nennen sind weiter: der Verweis auf den Zionismus als Menschenrechts-
      verletzung, Auslegungsschwierigkeiten beim Selbstbestimmungsrecht der
      Völker, die bestehende Möglichkeit der Todesstrafe für Minderjährige, kein
      Verbot von grausamen Strafen, das Asylrecht; im Einzelnen dazu Internatio-
      nal Commission of Jurists, Réunion complémentaire à la deuxième session
      extraordinaire de la Commisison arabe permanente des droits de l'homme
      consacrée à l'actualisation de la Charte arabe des droits de l'homme (4 au 15
      janvier 2004), oben Fußn. 159, p. 7 ff.

## 4.2.2  Defizite und Schwächen

Erstens verweist die Präambel auf die schwierige Kairoer Erklärung. Anders als die internationalen Menschenrechtsdokumente, die „bekräftigt" werden, soll sie „berücksichtigt" werden[176]; diese Formulierung ist offen; „berücksichtigen" kann Mehr als das ein bloßes „Bekräftigen" bedeuten und eine Bezugnahme meinen oder auch Weniger sein. Theoretisch könnte damit jedenfalls ein Einfall der „Scharia" durch die Hintertür verbunden sein.[177]

Zweitens ist das Gebot der Gleichbehandlung von Männern und Frauen unklar. Beide werden zwar als gleich „auf der Ebene der menschlichen Würde, der Rechte und Pflichten" bewertet; für die Rechte von Frauen wird aber auf die nach der islamischen Scharia vorgesehene „positive Diskriminierung" zugunsten von Frauen verwiesen. Der Verweis ist problematisch; gilt es doch aus islamischer Sicht die „Einzigartigkeit des Weiblichen" besonders zu schützen[178], woraus Kleider- und Verhaltensvorschriften für Frauen oder Schutzvorschriften für Ehefrauen polygamer Männer, die eine neue Ehe eingehen, abgeleitet werden[179]; aus dieser Sicht sind dies Regeln, die Frauen „privilegieren". Sie zementieren aber die unterschiedlichen Rechtspositionen etwa in der polygamen Ehe. Außerdem wird im Zusammenhang mit dem Fa-

---

176  Abs. 5 der Präambel.

177  Zur „Halbherzigkeit" auch Fischer/Diab, NJW 2007, 2974. Vgl. zur Schwierigkeit der Auslegung des Terminus „sich (von internationalen Dokumenten) leiten lassen" in der Afrikanischen Charta der Rechte des Menschen und der Völker im Zusammenhang mit der Bedeutung afrikanischer Traditionen, Wittinger, Familien und Frauen im regionalen Menschenrechtsschutz, S. 95 ff. (98 f.).

178  Näher dazu und zum Folgenden Helbling, Das völkerrechtliche Verbot der Geschlechterdiskriminierung in einem plurikulturellen Kontext, S. 19 ff. (22).

179  Etwa die Möglichkeit dann ein besonderes Scheidungsrecht in einem Ehevertrag zu vereinbaren, das aber oft nur in der Theorie existiert.

milienschutz und Eherecht auf das geltende Recht der Staaten Bezug
genommen, das Rechte und Pflichten von Männern und Frauen rege-
le[180], womit auch hier die oben aufgezeigten Einschränkungen durch
die Scharia weiter möglich bleiben. Und schließlich stehen diese Regelungen der Arabischen Charta im Widerspruch zu dem an anderer Stelle der Charta verankerten Grundsatz der Gleichheit aller Personen vor
dem Gesetz.[181]

Drittens bleibt die Religionsfreiheit[182] im eng gesteckten islamischen
Rahmen. Die Religionsausübungsfreiheit kann durch innerstaatliche
Gesetze eingeschränkt werden, die zwar bestimmte Qualifikationen
erfüllen müssen: sie müssen in einer „toleranten Gesellschaft, die die
öffentliche Sicherheit, das öffentliche Wohl und die Rechte anderer re-
spektiert, notwendig sein".[183] Dies bedeutet aber, dass die uns bekann-
te muslimische Auffassung, wonach der Islam „tolerant" ist, aber nur
gegenüber den beiden anderen Buchreligionen und ferner Nichtmuslime mit nur eingeschränkten Rechten versieht, hiermit kompatibel ist.
Gleiches gilt für innerstaatliche Regelungen islamischer Staaten, die etwa
den Abfall vom islamischen Glauben drastisch ahnden, um die „Gemeinschaft der Gläubigen", die umma, zu schützen, denn dies erfolgt
aus islamischer Perspektive zum Schutz der öffentlichen Sicherheit oder
Ordnung.

So bleibt zum Abschluss folgendes Fazit zu ziehen:

---

180     Art. 33 a).
181     Art. 11.
182     Art. 30 a) und b).
183     Art. 30 b).

# D.  Schlussbemerkung

Selbstredend bleibt auch die Arabische Menschenrechtscharta von 2004 ein vom Islam geprägtes Dokument, das aus westlicher Sicht nicht alle Fragen, wie zur Scharia und zur Religionsfreiheit, zufriedenstellend löst. Es wäre allerdings blauäugig anzunehmen, die islamischen Staaten, die kein monolithischer Block sind und deren einzige Verbindung mitunter nur der Islam und die religiösen Gesetze sind, die wie gezeigt keineswegs einheitlich sind, würden dieses spezifische und verbindende Element aufgegeben: diese Verbindung macht ja gerade ihren regionalen Menschenrechtsschutz aus. Betrachtet man die Entwicklung der bisherigen islamischen Menschenrechtsdokumente insgesamt, ist jedenfalls eine deutliche Fortentwicklung festzustellen: weg von einer „Überhöhung" der Scharia, hin zu einer deutlichen Orientierung an den Menschenrechtsstandards internationaler Dokumente. Dies beweist, dass die islamischen Staaten am internationalen Menschenrechtsrechtsdiskurs teilnehmen. Und die Entwicklung belegt auch, den Einfluss des internationalen Rechts. Zudem wird mit der Arabischen Menschenrechtscharta von 2004 erstmals ein Schutzinstrument existieren, das die Mitgliedstaaten völkerrechtlich bindet – und zwar in Kürze. Vor allem wird ein Schutzorgan installiert, das ein Diskussionsforum sein kann für die verschiedenen Rechtsströmungen und Denkschulen, die gerade das islamische Recht prägen. Der Ausschuss kann so zur Herausbildung eines „Gemeinislamischen Verfassungsrechts" beitragen.[184]

---

184  Zu diesem Aspekt islamischer Menschenrechtsdokumente generell unter Bezug auf den von Peter Häberle geprägten Begriff des „Gemeineuropäischen Verfassungsrechts" Mikunda Franco, JöR 44 (1996), S. 235.

Dieses wiederum kann dann Grundlage sein für den von mir im letzten Vortrag beschworenen Diskurs, der auf universeller Ebene im Menschenrechtsschutz erfolgen muss, auch wenn es bis zu einem universell akzeptierten und auch durchsetzbaren Menschenrechtsschutz noch weit sein mag. Aber im Menschenrechtsschutz muss man in großen Zeitabständen denken. Und dies gilt gerade auch für die Akzeptanz von Menschenrechtsdokumenten und auch für ein gemeinsames Verständnis von Rechten, von Begriffen und ihren Inhalten. Dies zeigt sich im übrigen deutlich an der Allgemeinen Menschenrechtserklärung der Vereinten Nationen, die heute unangefochten gilt[185] und auf die sich auch die Arabische Charta von 2004 ohne Wenn und Aber bezieht. Denn als einige Sätze dieser UN-Erklärung, die ja jede „Andeutung auf Gottheiten" vermeidet, in den 60er Jahren us-amerikanischen Bürgern zur Lektüre vorgelegt wurde, hielten diese sie mitnichten für die aktuelle „Magna Charta" der Menschenrechte, sondern hatten den Verdacht, es handele sich „um das Manifest der Kommunistischen Partei"[186].

---

185   Zur Stimmenthaltung Saudi Arabiens in der Generalversammlung 1948 und den Reaktionen christlicher und anderer Staaten, die zu dem Resultat führten, dass kein Bezug auf Gott enthalten ist, Mikunda Franco, JöR 44 (1996), S. 212 f. mwN

186   Dazu Mikunda Franco, ibidem, S. 220 mwN.

# Bibliographie

*Abu-Sahlieh*, Aldeeb, Les Musulmans façe aux droits de l'homme, Bochum 1994

*An-Na'im*, Abdullahi A., Islamic Family Law in a Changing World, A Global Ressource Book, London, Nw York 2002

*von Aquin*, Thomas, Summa Theologica, 7. Bd. (I 90, 102): Erschaffung und Urzustand des Menschen, Übers., Anm. und Kommentar von Adolf Hoffmann, 1. und 2. Aufl. München/Heidelberg 1941

*Bergmann*, Jan, Staatswerdung durch Konstitutionalisierung? – zur neuen EU-Verfassung, Verwaltungsblätter Baden-Württemberg (VBlBW) 2005, 1-128.

*Bock*, Wolfgang, Der Islam in der aktuellen Entscheidungspraxis des Öffentlichen Rechts, Neue Zeitschrift für Verwaltungsrecht (NVwZ) 2007, 1250-1257

*Buergenthal*, Thomas/*Kiss*, Alexandre, La protection internationale des droits de l'homme, Précis, Kehl et al. 1991

*Ders.*/*Shelton*, Dinah, Protecting Human Rights in the Americas, Cases and Materials, 4. Aufl. Kehl et al. 1995

*von Campenhausen*, Axel Freiherr, in: Isensee, Josef/Kirchhof, Paul (Hrsg.), Handbuch des Staatrechts, Bd. VI, Religionsfreiheit, § 136, Rnr. 1 ff.

*Dupuy*, Pierre-Marie/*Fassbender*, Bardo/*Shaw*, Malcolm N./*Sommermann*, Karl-Peter, Völkerrecht als Werteordnung, Festschrift für Christian Tomuschat, Kehl et al. 2006, zit.: FS Tomuschat

*Euchner*, Walter, John Locke zur Einführung, Hamburg 1996, zit.: John Locke

*Fastenrath*, Ulrich, Einheit der Menschenrechte, Universalität und Unteilbarkeit, in: FS Tomuschat, S. 153-180

*Fenske*, Hans/*Mertens*, Dieter/*Reinhard*, Wolfgang/*Rosen*, Klaus, Geschichte der politischen Ideen, Von der Antike bis zur Gegenwart, Frankfurt 1996, zit.: Fenske et al., Geschichte der politischen Ideen

*Fiedler*, Wilfried, Staat und Religion, Veröffentlichungen der Vereinigung der deutschen Staatsrechtslehrer (VVDStRL) 59 (2000), S. 199-230

*Fischer*, Mattias G./*Diab*, Amal, Islam und Menschenrechte, Neue Juristische Wochenzeitschrift (NJW) 2007, 2972-2975

*Grabenwarter*, Christoph, Europäische Menschenrechtskonvention, 3. Aufl. München 2007

*Hassan*, Riffat, in: Witte/van der Vyver (Hrsg.), Religious Human Rights in Global perspective: Religious Perspective, S. 361-386

*Heckel*, Martin, Die Menschenrechte im Spiegel der reformatorischen Theologie, Heidelberg 1987

*Helbling*, Gianfranco, Das völkerrechtliche Verbot der Geschlechterdiskriminierung in einem plurikulturellen Kontext, das Beispiel des Schutzes der Menschenrechte muslimischer Frauen in westlichen Ländern, Schweizer Studien zum Internationalen Recht Band 133, Zürich 2001

*Howard*, Rhoda, Cultural Absolutism and the Nostalgia for Community, Human Rights Quarterly (HRQ) 15 (1993), 315-338

*Howland*, Cortney W., The Challenge of Religious Fundamentalism to the Liberty and Equality Rights of Women: An Analysis under the United Nations Charter, Columbia Journal of Transnational Law 35 (1997), 271-377

*Isensee*, Josef/*Kirchhof*, Paul (Hrsg.), Handbuch des Staatrechts, Bd. VI, Freiheitsrechte, Heidelberg 2. Aufl. 2001, zit.: Handbuch des Staatrechts, Bd. VI

*Kelek*, Necla, Bist Du nicht von uns, dann bist Du des Teufels, FAZ v. 25.04.2007, Nr. 96, S. 36 (auch abrufbar über: www.faz.net)

*Kempen*, Bernhard/*Hillgruber*, Christian, Völkerrecht, München 2007

*Kühnhardt*, Ludger, Die Universalität der Menschenrechte, 2. Aufl. Bonn 1992

*Krämer*, Gudrun, Gute Regierungsführung: neue Stimmen aus der islamischen Welt, Verfassung und Recht in Übersee (VRÜ) 38 (2005), 258-275

*Dies.*, Islam, Menschenrechte und Demokratie, Anmerkungen zu einem schwierigen Verhältnis, Bertha-Benz-Vorlesung 20, Ladenburg 2003

*Locke*, John, Two Treatises of Government, Cambridge texts in the history of political thought, Cambridge 1988 (edited with an introduction and notes by Peter Laslett), zit.: Two Treatises of Government

*Ders.*, Ein Brief über Toleranz, Englisch-Deutsch, Philosophische Bibliothek Band 289, Hamburg 1996 (übersetzt, eingeleitet und in Anmerkungen erläutert von Julius Ebbinghaus), zit.: Ein Brief über Toleranz

*Mayer*, Ann Elizabeth, Cultural Particularism as a Bar to Women's Rights: refelctions on the Middle eastern Experience, in: Peters/Wolper (Hrsg.), Women's Rights, human rights, S. 176-188

*Dies.*, Universal versus Islamic Human Rights: A Clash of Cultures or a Clash with Construct, Michigan Journal of International Law 15 (1994), 307-404

*Merten*, Detlef/*Papier*, Hans-Jürgen (Hrsg.), Handbuch der Grundrechte, Band I Entwicklung und Grundlagen, Heidelberg 2004

*Mertens*, Dieter, Geschichte der politischen Ideen im Mittelalter, in: Fenske et al., Geschichte der politischen Ideen, S. 143-237

*Miguel*, Carlos Ruiz, Human Dignity: History of an Idea, Jahrbuch des Öffentlichen Rechts (JöR) 50 (2002), 281-299

*Mikunda Franco*, Emilio, Das Menschenrechtsverständnis in den islamischen Staaten, Allgemeine Betrachtungen im Lichte vergleichender
Rechtsphilosophie, Jahrbuch des Öffentlichen Rechts (JöR) 44 (1996),
206-236

*Müller*, Lorenz, Islam und Menschenrechte, Sunnitische Muslime zwischen Islamismus, Säkularismus und Modernismus, Diss. Univ. Hamburg, Mitteilungen des Deutschen Orient-Instituts Bd. 54, Hamburg 1996, zit.: Islam und Menschenrechte

*Murray*, Rachel/*Evans*, Malcolm, Documents of the African Commission on Human and Peoples' Rights, Oxford 2001

*Nagel*, Tilmann, Das islamische Recht, Eine Einführung, Westhofen
2001

*Peters*, Julie/*Wolpers*, Andrea (Hrsg.), Women's Rights, human rights,
International Feminist perspectives, New York 1995, zit.: Peters/
Wolpers (Hrsg.), Women's Rights, human rights

*Petersohn*, Islamisches Menschenrechtsverständnis unter Berücksichtigung der Vorbehalte islamischer Staaten zu den UN-Menschenrechtsverträgen

*Pollis*, Adamantia, Cultural relativism revisited: Through a State Prism,
Human Rights Quarterly (HRQ) 18 (1996), 316-344

*Ders./Schwab*, Peter, Human Rights: A Western Construct with Limited
Applicability, in: dies. (Hrsg.), Human Rights: Cultural and ideological Perspectives, New York et al. 1979, S. 1-18

*Robbers*, Gerhard, Grundrechte aus Sicht des Protestantismus, in: Mer-
ten/Papier (Hrsg.), Handbuch der Grundrechte, § 9, Rnr. 1 ff.

*Schambeck*, Herbert, Die Grundrechte in der Lehre der katholischen
Kirche, in: Merten/Papier (Hrsg.), Handbuch der Grundrechte, § 8,
Rnr. 1 ff.

*Schwartländer*, Johannes, (Hrsg.), Freiheit der Religion, Christentum und
Islam unter dem Anspruch der Menschenrechte, Mainz 1993

*Ders./Bielefeldt*, Heiner, Christen und Muslime vor der Herausforderung des Menschenrechts, S. 39 ff.

*Stern*, Klaus, Die Idee der Menschen- und Grundrechte, in: Merten/ Papier (Hrsg.), Handbuch der Grundrechte, § 1, Rnr. 1 ff.

*Uertz*, Rudolf, Vom Gottesrecht zum Menschenrecht, Politik und Kommunikationswissenschaftliche Veröffentlichungen der Görres-Gesellschaft, hrsg. von *Maier/Oberreuter/Roegele/Speiker*, Bd. 25, Paderborn et al. 2005

*Verdross*, Alfred/*Simma*, Bruno, Universelles Völkerrecht, Theorie und Praxis, 3. Aufl. Berlin 1984

*Vitzthum* Graf, Wolfgang (Hrsg.), Völkerrecht, 4. Aufl., Berlin 2007, 3. Abschnitt, Rnr. 267, zit.: Bearbeiter, in: Vitzthum (Hrsg.), Völkerrecht

*Wielandt*, Rotraud, Menschenwürde und Freiheit in der Reflexion zeitgenössischer muslimischer Denker, in: Schwartländer (Hrsg.), Freiheit der Religion, Christentum und Islam unter dem Anspruch der Menschenrechte, S. 179-209

*Witte*, John Jr./*van der Vyver*, Johan D. (Hrsg.), Religious Human Righst in Global perspective: Religious Perspective, The Hague et al. 1996

*Wittinger*, Europäische Staaten oder Wo endet Europa?, in: Akademie der Wissenschaften und der Literatur/Mainz (Hrsg.), Colloquia Academica, Abhandlungen der geistes- und sozialwissenschaftlichen Klasse, Jahrgang 2007, Nr. 5, Stuttgart 2007, S. 3-15

*Dies.*, Kopftuch, Kindergarten und kommunales Selbstverwaltungsrecht – das Kopftuch bleibt ein „buntes Stück Sprengstoff", Verwaltungsblätter Baden-Württemberg (VBlBW) 2006, 169-174

*Dies.*, Der Europarat: die Entwicklung seines Rechts und der „europäischen Verfassungswerte", Baden-Baden 2005

*Dies.*, „Kopftuchstreit auf europäisch", Aspekte des europäischen Grund- und Menschenrechtsschutzes, Verwaltungsblätter Baden-Württemberg (VBlBW) 2001, 425-430

*Dies.*, Familien und Frauen im regionalen Menschenrechtschutz, Ein
Vergleich der Europäischen Menschenrechtskonvention, der Amerikanischen Menschenrechtskonvention und der Afrikanischen Charta der Rechte des Menschen und der Völker, Saarbrücker Studien
zum Internationalen Recht, Band 12, Baden-Baden 1999

*Dies.*, Die drei regionalen Menschenrechtssysteme, Ein vergleichender
Überblick über die Europäische Menschenrechtskonvention, die
Amerikanische Menschenrechtskonvention und die Afrikanische
Charta der Menschenrechte und Rechte der Völker, Juristische Aus-
bildung (JURA) 1999, 405-411

*Zirker*, Hans, „Die Kairoer Erklärung der Menschenrechte im Islam", DuEPublico, S. 3 ff. (Online-Publikation, abrufbar über:
http://duePublico.uni-duisburg.de)

Alle in den Fußnoten angegebenen Internetseiten wurden zuletzt am
10. Februar 2008 besucht.

# Angaben zur Person

Privatdozentin Dr. Michaela Wittinger, geb. 1969, verheiratet, zwei Kinder, Studium der Rechtswissenschaften in Saarbrücken, Genf und Freiburg, 1994 Erstes Juristisches Staatsexamen und 1996 Zweites Juristisches Staatsexamen. 1998 Promotion an der Universität des Saarlandes und 2000 Verleihung des Preises für „Recht und Entwicklung" der Prof. Herbert-Krüger-Stiftung zur Förderung der Überseeischen Verfassungsentwicklung. 1999 bis 2000 juriste temporaire am Europäischen Gerichtshof für Menschenrechte. Von 1999 bis 2004 Lehrbeauftragte an der Universität des Saarlandes und seit 2005 dort Privatdozentin (venia legendi für Staats-, Verwaltungs-, Völker-, Europarecht und Rechtsvergleichung). Sommersemester 2006 und Wintersemester 2006/2007 Lehrstuhlvertretungen an der Deutschen Hochschule für Verwaltungswissenschaften/Speyer.

Wintersemester 2007/2008 Otto von Freising-Gastprofessur an der Katholischen Universität Eichstätt.

# Ausgewählte Veröffentlichungen der Autorin

## Monographien:

Der Europarat: die Entwicklung seines Rechts und der „europäischen Verfassungswerte", Baden-Baden 2005 (Habilitationsschrift)

Familien und Frauen im regionalen Menschenrechtschutz, Ein Vergleich der Europäischen Menschenrechtskonvention, der Amerikanischen Menschenrechtskonvention und der Afrikanischen Charta der Rechte des Menschen und der Völker, Saarbrücker Studien zum Internationalen Recht Band 12, Baden-Baden 1999 (Dissertationsschrift)

## Aufsätze:

Das Rechtsstaatsprinzip – ein Verfassungsprinzip der europäischen und der internationalen Gemeinschaft?: verfassungsrechtliche, europarechtliche und völkerrechtliche Betrachtungen, Jahrbuch des Öffentlichen Rechts (57), 2009 (im Erscheinen)

Anmerkungen zum Europäischen Agentur(un)wesen und zur Vereinbarkeit Europäischer Agenturen mit dem Gemeinschaftsrecht, erscheint in Europarecht (vorgesehen für Heft 8/08)

Die Gefahr terroristischer Anschläge auf völkerrechtliche Vertretungen und das baurechtliche Gebot der Rücksichtnahme, – zugleich Besprechung des Urteils des Bundesverwaltungsgerichts vom v. 25.01.2007 –, Die Öffentliche Verwaltung 2007, 786-789

Europäische Staaten oder Wo endet Europa?, in: Akademie der Wissenschaften und der Literatur/Mainz (Hrsg.), Colloquia Academica, Abhandlungen der geistes- und sozialwissenschaftlichen Klasse, Jahrgang 2007, Nr. 5, Stuttgart 2007, S. 3-15

Rückforderung der einer Gemeinderatsfraktion gewährten Geschäftsführungskosten: wer haftet für zweckwidrig verwendete Gelder? (zusammen mit Dr. Dirk Herrmann), Der Kommunaljurist 2006, 446-448

Kopftuch, Kindergarten und kommunales Selbstverwaltungsrecht – das Kopftuch bleibt ein „buntes Stück Sprengstoff", Verwaltungsblätter Baden-Württemberg 2006, 169-174

In der Nachbarschaft von Botschaften und Konsulaten: kann das Baurecht vor den Gefahren des Terrorismus schützen?, Deutsch Verwaltungsblätter 2006, 17-25

Anonyme Geburt – endlich Klarheit?, Neue Juristische Wochenschrift 2003, 2138-2140

Mobbing und Beamtenrecht (zusammen mit Dr. Dirk Herrmann), Zeitschrift für Beamtenrecht 2002, 337-343

Von Vätern, Kindern und Namen – die geänderte Rechtsprechung des BVerwG zur Namensänderung bei so genannten Scheidungshalbwaisen, Neue Juristische Wochenschrift 2002, 2371-2373

Women and human rights in developing countries: the rights of women in the African Charter on human and peoples' rights and in the American Convention on human rights, in: Leonhäuser, Ute (Hrsg.), Women in the Context of International Development an Cooperation, Review and Perspectives, Schriften zur Internationalen Entwicklungs- und Umweltforschung (hrsg. v. Zentrum für internationale Entwicklungs- und Umweltforschung der Justus-Liebig Universität Giessen) Band 3, Frankfurt a. M. 2002, S. 129-146

Afrikanischer Menschenrechtsschutz – Neuere Entwicklungen und Perspektiven: Der Afrikanische Gerichtshof der Rechte des Menschen und der Völker und die Mauritius Erklärung der Organisation der Afrikanischen Einheit, Verfassung und Recht in Übersee 2001, 474-488

„Kopftuchstreit auf europäisch", Aspekte des europäischen Grund- und Menschenrechtsschutzes, Verwaltungsblätter Baden-Württemberg 2001, 425-430

Die Gleichheit der Geschlechter und das Verbot geschlechtsspezifischer Diskriminierung in der Europäische Menschenrechtskonvention, Status quo und die Perspektiven durch das Zusatzprotokoll Nr. 12 zur EMRK, Europäische Zeitschrift für Grundrechte 2001, 272-279

Die Einlegung einer Individualbeschwerde vor dem EGMR, Ein Leitfaden für die Praxis, Neue Juristische Wochenschrift 2001, 1238-1242

Die Afrikanische Charta der Menschenrechte und Rechte der Völker zwischen afrikanischen Wertvorstellungen und der Bindung an das internationale Recht: Das Beispiel des Art. 18 Abs. 1-3 AfrC, Verfassung und Recht in Übersee 2000, 470-486

Die drei regionalen Menschenrechtssysteme, Ein vergleichender Überblick über die Europäische Menschenrechtskonvention, die Amerikanische Menschenrechtskonvention und die Afrikanische Charta der Menschenrechte und Rechte der Völker, Juristische Ausbildung 1999, 405-411

# Otto von Freising-Vorlesungen

Bd. 1: **Wilhelm G. Grewe:**
Das geteilte Deutschland in der
Weltpolitik
1990. Vergriffen

Bd. 2: **Berndt von Staden:**
Der Helsinki-Prozeß
1990. Vergriffen

Bd. 3: **Hans Buchheim:**
Politik und Ethik
1991. Vergriffen

Bd. 4: **Dmitrij Zlepko:**
Die ukrainische katholische Kirche –
Orthodoxer Herkunft, römischer Zuge-
hörigkeit
1992. Vergriffen

Bd. 5: **Roland Girtler:**
Würde und Sprache in der Lebenswelt
der Vaganten und Ganoven
1992. Vergriffen

Bd. 6: **Magnus Mörner:**
Lateinamerika im internationalen
Kontext
1995. Vergriffen

Bd. 7: Probleme der internationalen
Gerechtigkeit
Herausgegeben von **Karl Graf
Ballestrem** und **Bernhard Sutor.**
1993. Vergriffen

Bd. 8: **Karl Martin Bolte:**
Wertwandel. Lebensführung.
Arbeitswelt
1993. Vergriffen

Bd. 9: **František Šmahel:**
Zur politischen Präsentation und
Allegorie im 14. und 15. Jahrhundert.
1994. Vergriffen

Bd. 10: **Odilo Engels:**
Das Ende des jüngeren
Stammesherzogtums
1998. Vergriffen

Bd. 11: **Hans-Georg Wieck:**
Demokratie und Geheimdienste
1995. Vergriffen

Bd. 12: **Franz-Xaver Kaufmann:**
Modernisierungsschübe, Familie und
Sozialstaat
1996. Vergriffen

Bd. 13: **Wolfgang Brückner:**
„Arbeit macht frei". Herkunft und
Hintergrund der KZ- Devise
1998. Vergriffen

Bd. 14: **Manfred Hättich:**
Demokratie als Problem
1996. Vergriffen

Bd. 15: **Horst Schüler-Springorum:**
Wider den Sachzwang
1997. Vergriffen

Bd. 16: **Gerhard A. Ritter:**
Soziale Frage und Sozialpolitik
1998. Vergriffen

Bd. 17: **Uwe Backes:**
Schutz des Staates
1998. Vergriffen

Bd. 18: **Klaus Schreiner:**
Märtyrer, Schlachtenhelfer,
Friedenstifter
2000. Vergriffen

Bd. 19: **Antonio Scaglia:**
Max Webers Idealtypus der nicht-
legitimen Herrschaft
2001. Vergriffen

Bd. 20: **Walter Hartinger:**
Hinterm Spinnrad oder auf
dem Besen
2001. Vergriffen

Bd. 21: **Martin Sebaldt:**
Parlamentarismus im Zeitalter der
Europäischen Integration
2002. Vergriffen

Bd. 22: **Alois Hahn:**
Erinnerung und Prognose
2003. Vergriffen

Bd. 23: **Andreas Wirsching:**
Agrarischer Protest und Krise der
Familie
2004. 97 S., € 19,90
ISBN 978-3-531-14274-6

Bd. 24: **Stefan Brüne:**
Europas Außenbeziehungen und die
Zukunft der Entwicklungspolitik
2005. 104 S., € 19,90
ISBN 978-3-531-14562-4

Bd. 25: **Toni Pierenkemper:**
Arbeit und Alter in der Geschichte
2006. 114 S., € 12,90
ISBN 978-3-531-14958-5

Bd. 26: **Manfred Brocker:**
Kant über Rechtsstaat und
Demokratie
2006. 62 S., € 12,90
ISBN 978-3-531-14967-7

Bd. 27: **Jan Spurk:**
Europäische Soziologie als
kritische Theorie der Gesellschaft
2006. 80 S., € 12,90
ISBN 978-3-531-14996-7

**Weitere Titel in Vorbereitung:**

**Alois Schmid:**
Neue Wege der bayerischen
Landesgeschichte
2008. 107 S., € 19,90
ISBN 978-3-531-16031-3

**Wilfried Spohn:**
Politik und Religion in einer sich
globalisierenden Welt
2008. 98 S., € 19,90
ISBN 978-3-531-16076-4

**Rainer Tetzlaff:**
Afrika in der Globalisierungsfalle
2008. 108 S., € 19,90
ISBN 978-3-531-16030-6

**Michaela Wittinger:**
Christentum, Islam, Recht und
Menschenrechte
Spannungsfelder und Lösungen
2008. 85 S., € 19,90
ISBN 978-3-531-16140-2